Bewegtes Lernen im Fach Ethik

Klassen 5 bis 10/12

Didaktisch-methodische Anregungen

2. neu bearbeitete und erweiterte Auflage
unter Mitarbeit von Paul Härtel

Christina Müller · Thomas Melzer

Academia Verlag Sankt Augustin

Die Deutsche Bibliothek – CIP-Einheitsaufnahme

Bibliografische Informationen Der Deutschen Bibliothek
Die Deutsche Bibliothek verzeichnet diese Publikation in der Deutschen Nationalbibliografie: detaillierte bibliografische Daten sind im Internet über http://dnb.ddb.de abrufbar.

ISBN 978-3-89665-689-6

2. neu bearbeitete und erweiterte Auflage 2016

Bahnstraße 7, D-53757 Sankt Augustin
Internet: www.academia-verlag.de
E-mail: info@academia-verlag.de

Printed in Germany

Inhaltsverzeichnis Ethik Klassen 5 bis 10/12

Einleitung

Unser Dank gilt folgenden Wissenschaftlern und Kollegen, die mit ihren Ideen und fachlichen Ratschlägen die Überarbeitung der Beispiele unterstützten:

Herr Dr. Geert-Lueke Lueken, Universität Leipzig, Institut für Philosophie
Herr Prof. Dr. St. Wittkowske, Lehrstuhl für Didaktik des Sachunterrichts, Hochschule Vechta
Frau Antje Meinhold, Humboldt-Gymnasium Radeberg (Projektschule „Bewegte Schule")
Frau Sylke Petzold, Mittelschule Tharandt (Projektschule „Bewegte Schule")
Frau Sabine Wilhelm, Schule zur Lernförderung Großenhain (Projektschule „Bewegte Schule")
Herr Dietmar Linder, Schule zur Lernförderung Flöha (Projektschule „Bewegte Schule")
2. Auflage:
Frau Anja Schmidt, Dinter-Oberschule Borna („Bewegte und sichere Schule")

Bewegtes Lernen als Teilbereich einer bewegten Schule

Kinder und Jugendliche brauchen Bewegung, um sich in ihrer Gesamtpersönlichkeit harmonisch entwickeln zu können. Bewegung ist das Medium, die Umwelt zu erkennen und zu gestalten (Grupe, 1982, S. 72). Durch Bewegung nehmen die Heranwachsenden ihre Umwelt differenzierter wahr und sammeln vielfältige Erfahrungen. Bewegung unterstützt das kognitive Lernen durch eine verbesserte Konzentrationsfähigkeit, die Schaffung eines zusätzlichen Informationszugangs über den „Bewegungssinn" sowie die Optimierung der Informationsverarbeitung. Bewegungssituationen bieten für Schülergruppen vielfältige soziale Lernmöglichkeiten, bei denen die Wechselseitigkeit von Geben und Nehmen ausgewogen realisiert wird. Des Weiteren besteht ein Zusammenhang zwischen als befriedigend erfahrenen Bewegungshandlungen und positivem emotionalen Erleben. Bewegung kann einmal aktivieren, hat aber auch eine beruhigende und stressabbauende Wirkung. Dadurch werden Gesundheit und Wohlbefinden gefördert. Bewegung ist eine Voraussetzung für die motorische und gesunde körperliche Entwicklung. Durch Bewegungssicherheit kann die Unfallhäufigkeit gesenkt werden. Die Erprobung von Bewegungsabläufen, eine realistische Selbsteinschätzung und das Erleben eigenen Könnens, aber auch eigener Grenzen, tragen wesentlich zu einer befriedigenden Selbsterfahrung bei. (Müller, 2010, S. 20-30)

Kinder und Jugendliche haben aber zu wenig Bewegung, denn sie sind in Abhängigkeit von ihren individuellen Bedingungen von einer zunehmend von Bewegungseinschränkungen charakterisierten Welt umgeben. Als zentrale Stichworte können gelten: Einengung und Spielfeindlichkeit der Bewegungsräume, Dominanz bewegungsarmer Freizeittätigkeiten, Tendenz zur „Verhäuslichung" und damit Rückzug aus dem Bewegungsraum Natur u. a. Der Zustand dauernder Bewegungsunterdrückung wird noch verstärkt durch einen den Schulalltag häufig bestimmenden typischen „Sitzunterricht". Folgen sind zunehmende gesundheitliche Schwächen und Schäden (Haltungsschwächen u. a.), Konzentrationsschwäche, Hyperaktivität, Auffälligkeiten im Arbeits- und Sozialverhalten, erhöhte Aggressivität, eingeschränkte Leistungsfähigkeit, Unfallhäufigkeiten. (Müller, 2010, S. 31-34)

Ansätze zur Problemlösung zu finden, ist ein gesamtgesellschaftliches Anliegen, in das sich unterschiedliche Ebenen einzubringen haben. Schule sollte insgesamt den Bewegungsaktivitäten der Kinder und Jugendlichen mehr Raum bieten und konsequent ein Lernen mit allen Sinnen, also auch dem Bewegungssinn, ermöglichen. Deshalb muss Schule in diesem Sinne zu einer **bewegten Schule** werden. Folgende Bereiche einer bewegten Schule können ausdifferenziert werden (Müller & Petzold, 2014, S. 36):

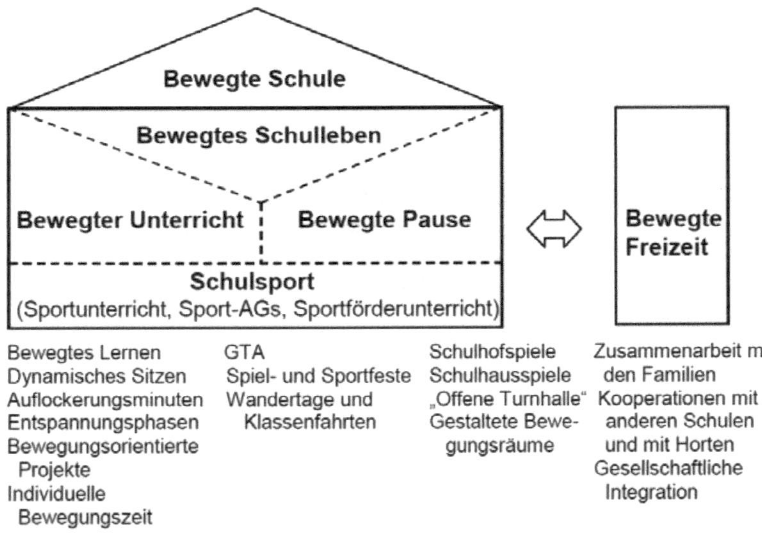

Die vorliegenden didaktisch-methodischen Anregungen beziehen sich auf den Teilbereich bewegtes Lernen, der in einen bewegten Unterricht eingeordnet werden kann. Verbindungen zu anderen Bereichen werden angedeutet. Die einzelnen Karteikarten können herausgetrennt und den jeweiligen Unterrichtsstunden zugeordnet werden.

Zusätzliche Informationszugänge durch Bewegung

Als Lernkanäle werden hauptsächlich der akustische und der optische Analysator genutzt. Über den Bewegungssinn (kinästhetischer Analysator), dessen Rezeptoren über den gesamten Körper verteilt in den Muskeln, Sehnen, Bändern und Gelenken liegen, kann der Schüler zusätzlich Informationen zum Lerngegenstand erhalten. Diese Informationen erfolgen also nicht über die Umwelt, sondern über den Körper und die eigene Bewegung. (Müller, 2010, S. 54) Der Lernprozess im Fach Ethik kann über folgende Möglichkeiten Unterstützung erfahren:

So können die Schüler die entspannenden Wirkungen von Bewegungen empfinden (s. 2.5 „Progressive Muskelentspannung"). Sie erleben fachliche Zuordnungen über Bewegung (s. 5.1 „Feiertage"). Durch Bewegungsaktivitäten können Zusammenhänge erkannt sowie Menschen und Kulturen sich erschlossen werden (s. 3.2 „Spiele aus aller Welt"). Es besteht die Möglichkeit, Verhaltensweisen und Gefühle über Körpersprache auszudrücken (s. 1.17 „Fair play") sowie ethnische Probleme szenisch zu gestalten (s. 1.13 „Konflikte mit den Eltern"). Pausen- und Freizeitgestaltung sollten bezogen auf Bewegungsanteile verändert werden (s. 1.20 „Bewegte Pause"). Unterrichtsgänge können das Erschließen ethischer Probleme unterstützen (s. 5.3 „Kirchenrundgang").

Alle aufgeführten Möglichkeiten geben dem Schüler zusätzliche Informationen über den Lerngegenstand und unterstützen damit den Lernprozess.

Darüber hinaus fördert diese Art des Unterrichts die Motivation. Der Schüler erhält die Möglichkeit, sich in seinem Tun und Lernen voll zu entfalten. Der Lernprozess erfolgt nicht nur mündlich und schriftlich, sondern auch über die körperliche Darstellung. Lernprozesse, die unter Mitwirkung von Bewegung entstehen, erfolgen meist durch Zusammenarbeit mehrerer Schüler. Gruppenbilder müssen abgesprochen, Arbeitsschritte gemeinsam geplant werden. Dies fördert auch die Sozialkompetenz.

Zusätzlicher Informationszugang	Beispiele	
den Körper und die Umwelt über Bewegung *wahrnehmen, und* (entspannende) Wirkungen von Bewegung *empfinden*	1.2 Interaktionsspiele 1.5 Die neue Schule erkunden 1.10 Perspektivenwechsel 2.4 Aktive Stressbewältigung	2.5 PM 2.6 Yoga 4.8 Wie hält man ein Schwein? 5.8 Meditation
fachliche Zuordnungen über Bewegung *erleben*	1.24 „Gewissensbisse" 2.2 Ernährungskreis 3.3 Deutsch – ausländisch –international? 3.7 Arten des Glücks 4.4 Ecken-Gespräch 4.10 Tierversuche	5.1 Feiertage 5.4 Symbole und Riten 5.6 Säulen-Spiel 5.7 Welche Religion? 7.3 Ist das gerecht? 8.3 Meinungslinie 8.7 Partnersuche
sich Menschen und Kulturen über Bewegungshandlungen *erschließen,* Zusammenhänge *erkennen*	1.1 Kennlernspiele 1.3 Teamplayer 1.4 Erlebnispädagogische Aktivitäten 1.8 Spielnachmittag mit … 1.9 Sozialer Nachmittag 1.16 Spielregeln 1.18 Konflikte im Sport	2.3 Ernährungsstraße 2.10 Gefühle zeigen 3.1 Was ist „normal"? 3.2 Spiele aus aller Welt 7.1 Egalitarismus-Sportfest 8.8 Ich packe meinen Koffer
Verhaltensweisen, Gefühle durch Körpersprache *ausdrücken*	1.17 Fair play 1.11 Ungleichheit 2.7 So sehen mich die anderen?!	2.9 Nonverbale Kommunikation 3.8 Sie ist er – er ist sie 4.9 Artgerechte Tierhaltung
Alltagssituationen und ethische Probleme szenisch *darstellen*	1.12 Kontraste 1.13 Konflikte mit den Eltern 2.8 Agentur für Arbeit 3.9 Gestalten eigener Medienbeiträge	4.2 Ich bin Umweltberater 4.5 Parkplatz kontra ... 6.6 „Berlin, Berlin ..." 7.2 Lösen von Problemsituationen
Pausen- und Freizeitgestaltung bezogen auf Bewegungsanteile *verändern*	1.6 Pausenspiele 1.7 Spielfest 1.19 Konflikte auf dem Pausenhof	1.20 Bewegte Pause 6.4 Freizeitsport 6.5 Freizeitkalender
durch Unterrichtsgänge sich ethische Probleme *erschließen*	1.22 Verkehrssünder 3.10 Kennen der Manipulation ... 4.1 Was passiert nach der Müllabfuhr?	4.3 Fahrt ins Grüne 5.3 Kirchenrundgang 5.9 Die Reporter

Optimierung der Informationsverarbeitung durch Bewegung

Schule ist traditionell eine „Sitzschule". Lernen scheint vorrangig nur im ruhigen Sitzen möglich. Dabei wurden bereits vor mehr als 2000 Jahren die Schüler von Aristoteles in Wandelhallen unterrichtet (Seele, 2012, S. 16), Mönche promenierten bei geistigen Gesprächen durch die Klostergänge und in früheren Zeiten schrieben Dichter und Gelehrte, wie z. B. J. W. v. Goethe, an Stehpulten und schritten beim Nachdenken im Zimmer auf und ab (Breithecker u. a., 1996, S. 24). Lehrer pflegen auch heute weniger im Sitzen zu arbeiten, sondern sie gehen durch den Unterrichtsraum. Nur die Schüler sollen noch zu häufig beim „Stillsitzen" lernen. Dabei weisen Untersuchungen zu Grundgrößen der Informationsverarbeitung (bei Erwachsenen) nach, dass bereits geringe fahrradergometrische Belastungen die Gehirndurchblutung anregen und dadurch die kognitive Leistungsfähigkeit, insbesondere die Kurzspeicherkapazität und die Lerngeschwindigkeit, ansteigt (Lehr & Fischer, 1994, S. 182). Überwinden wir unsere pädagogischen Gewohnheiten und ermöglichen den Schülern, Lernen mit Bewegung zu verbinden. Zur Optimierung der Informationsverarbeitung reichen bereits Bewegungen mit geringer Intensität aus. (Müller, 2010, S. 67)

Die nachfolgenden Beispiele basieren auf diesen theoretischen Positionen, z. B. das Entscheiden über Zustimmung oder Ablehnung zu ethisch-moralischen Fragen oder Problemen signalisieren (s. 8.2 „Zustimmung oder Ablehnung"). Weiterhin können Normen, Regeln u. a. beim Zuwerfen eines Balles benannt werden (s. 8.1 „Vollende den Satz!"). Beim Gehen durch den Raum können eigene Erfahrungen und Positionen dargelegt (s. 6.2 „Mein zukünftiger Beruf") oder Aufgaben gelöst werden (s. 6.1 „Merkmale von Berufen"). Außerdem besteht die Möglichkeit, sich Informationen zu Auffassungen anderer einzuholen (s. 3.6 „Was ist Glück?"). Grundkenntnisse sowie Normen und Regeln können beim Wechseln der Plätze eingeprägt werden (s. 8.6 „Wissensweg"). Gelernt werden kann auch in unterschiedlichen Arbeitshaltungen (s. 8.4 „Erkläre mir bitte ...!"). Solche und weitere Übungen können als Erweiterung traditioneller Formen des Unterrichtens eingeordnet werden. Neben der verbesserten Sauerstoffversorgung des Gehirns tragen psychische Komponenten (nicht mehr still sitzen zu müssen sowie die Motivationserhöhung durch eigene Aktivität) dazu bei, das Lernen zu erleichtern und eine Schule zu gestalten, die wirklich vom Schüler (und seinem Bewegungsbedürfnis) ausgeht.

Optimierung der Informationsverarbeitung	Beispiele	
durch Bewegung Zustimmung oder Ablehnung zu ethisch-moralischen Fragen oder Problemen signalisieren	1.15 Geschichtenerzähler	8.2 Zustimmung oder Ablehnung
beim Zuwerfen eines Balles Normen und Rechte nennen, Verbindungen verdeutlichen	8.1 Vollende den Satz!	4.7 Nahrungskette
beim Gehen (durch den Raum)		
– eigene Erfahrungen und Positionen darlegen, unterschiedliche Auffassungen erkennen	3.4 Menschen mit Migrationshintergrund 6.2 Mein zukünftiger Beruf	7.4 Gibt es einen gerechten Krieg?
– Aufgaben lösen	1.23 Straßenverkehrsordnung	6.1 Merkmale von Berufen
– Informationen zu Auffassungen von anderen oder zu Erscheinungen in der Gesellschaft einholen	1.14 Was wäre gewesen, wenn ...? 2.1 Mein Hobby 3.5 Trauer auf verschiedenen Wegen	3.6 Was ist Glück? 4.6 Wie gehst du mit Wasser um? 6.3 Soziale Unterschiede
– sich Grundkenntnisse, Normen und Regeln einprägen	1.21 Unsere Schulordnung	
Plätze wechseln und dabei Erfahrungen und Meinungen austauschen bzw. Wissen festigen	5.5 Sakrale Gebäude	8.6 Wissensweg
beim Lösen von Aufgaben *unterschiedliche Arbeitshaltungen* anwenden	5.2 Puzzeln 7.5 (Neo-)Sokratisches Gespräch	8.4 Erkläre mir bitte ...! 8.5 Gruppenvortrag 8.9 Wissensquiz

Hinweise der Autoren

In die Erarbeitung der Materialsammlung sind Vorschläge von Studierenden und Lehrkräften eingeflossen, die auf umfangreichem Literaturstudium, aber auch eigenen Erfahrungen und Ideen basieren. Dies erschwert zum Teil den Nachweis der ursprünglichen Quellenangaben. Durch die Anbindung an das sächsische Projekt erfolgte eine Orientierung an den Lehrplänen in Sachsen, ergänzt durch eine Analyse von Lehrplänen/Richtlinien anderer Bundesländer. Da eine Reihe von Inhalten und Themen in den einzelnen Bundesländern in unterschiedlichen Klassenstufen aufzufinden ist, wird meist eine unverbindliche Spannbreite über mehrere Klassen angegeben. Insgesamt sind die Beispiele der Materialsammlung als Anregungen zu verstehen, die entsprechend der konkreten Bedingungen sowie der aktuellen Klassensituation ausgewählt und verändert werden müssen. Außerdem soll dazu angehalten werden, selbst neue Beispiele auszuprobieren und zu ergänzen.

Seit dem Erscheinen der 1. Auflage sind über zehn Jahre vergangen, in denen das Konzept der bewegten Schule und der Schwerpunkt des bewegten Lernens in einer Reihe von Schulen erfolgreich umgesetzt werden konnten. Die dabei gesammelten Erfahrungen sowie neue Überlegungen bilden die Grundlage für die jetzt vorliegende Bearbeitung. Die 2. Auflage wurde vor allem durch neue Beispiele und Varianten sowie Konkretisierungen auf den Rückseiten der Karteikarten ergänzt. Die vorgeschlagenen Aufgaben für die Schüler können im Schulbereich als Kopievorlage bzw. eingescannt für die Moodle-Lernplattform o. Ä. dienen. Für die Ideen ist vor allem Paul Härtel zu danken. Im Anhang befinden sich mögliche Vorlagen von Arbeitsblättern für die Hand der Schüler, die z. B. im Rahmen von Freiarbeit genutzt werden können.

Literatur:

Andrä, C. (2016). *Erlebnispädagogische Ideen.* Manuskript. Leipzig: Sportwissenschaftliche Fakultät.

Arnold, F. (2004). *Bewegtes Lernen: Ethik.* Belegarbeit. Leipzig: Sportwissenschaftliche Fakultät.

Bieligk, M. (2011). *Erlebnissport im Freien.* Wiebelsheim: Limpert.

Breithecker, D. et al. (1996). In die Schule kommt Bewegung. *Haltung und Bewegung* 16 (2), 5-47.

Bucher, W. (Hrsg.). (2000). *Bewegtes Lernen. Teil 2. 4. – 6. Schuljahr.* Schorndorf: Hofmann.

Fluegelmann, A. & Tembeck, S. (1979). *New Games – Die neuen Spiele.* Mühlheim: Verlag an der Ruhr.

Grupe, O. (1982). *Bewegung, Spiel und Leistung im Sport.* Schorndorf: Hofmann.

Härtel, P. (2015). *Bewegte Schule im Fach Ethik.* Bachelorarbeit. Leipzig: Sportwissenschaftliche Fakultät.

Haase, F. (2016). *Beispiele für bewegtes Lernen.* Hausarbeit. Leipzig: Sportwissenschaftliche Fakultät.

Kreiß, P. (2004). *Beispiele für das bewegte Lernen im Ethikunterricht.* Belegarbeit. Leipzig: Sportwissenschaftliche Fakultät.

Lehrl, S. & Fischer, B. (1994). *Gehirn-Jogging. Selber denken macht fit* (4. überarbeitete Aufl.). Ebersberg: VLESS-Verlag.

Lukácsy, A. (1983). *Spiele aus aller Welt.* Leipzig: Verlag für die Frau.

Müller, Chr. (2010). *Bewegte Grundschule* (3. neu bearb. Aufl.). St. Augustin: Academia.

Müller, Chr. & Petzold, R. (2014). *Bewegte Schule* (2. neu bearb. und erweit. Auflage). St. Augustin: Academia.

Münkler, H. (2006). *Der Wandel des Krieges. Von Symmetrie zur Asymmetrie.* Weilerswist: Velbrück.

Petzold, R. (2010). *Spiele vor der Haustür* (4. Aufl.). Dresden: Sächsisches Staatsministerium für Soziales. Zugriff am 22. Februar 2016 unter https://publikationen.sachsen.de/bdb/artikel/11867

Reiß, A. (2015). *Pazifismus: Die generelle Ablehnung des Krieges als Mittel der Auseinandersetzung.* Ausführlicher Unterrichtsentwurf für das Fach Ethik in Klassenstufe 10. Leipzig: SBAL, Lehrerausbildungsstätte.

Schmidt, A. (2016). *Zuarbeit zum bewegten Lernen in Ethik.* Manuskript. Leipzig: Sportwissenschaftliche Fakultät.

Schulz, J. (2012). Spielend lernen. *Ethik & Unterricht* , *23*(4), 26-27.

Schwoerbel at al. (1995). *Ethik 1. Lehr- und Arbeitsbuch für die Klasse 11.* Köln: Stam-Verlag.

Seele, K. (2012). Beim Denken gehen, beim Gehen denken. Die Peripatetische Unterrichtsmethode. Band 14 von *Philosophie und Bildung.* Berlin, Münster u. a.: LIT.

Sivanda Jogazentrum (2000). *Joga.* München: Gräfe & Unzer.

SMK (Sächsisches Staatsministerium für Kultus). (Hrsg.). (2014). *Spiel & Spass. Eine Sammlung für die Hosentasche.* Dresden: SMK. Zugriff am 9. August 2015 unter https://publikationen.sachsen.de/bdb/artikel/22796

Tugendhat, E. (1991). Pazifismus und berechtigter Krieg. In M. Czelinski & J. Stenzel (Hrsg.). *Krieg. Philosophische Texte von der Antike bis zur Gegenwart. Für die Sekundarstufe II.* (S. 143-151). Stuttgart: Reclam.

Belegarbeiten von Studierenden der Sportwissenschaftlichen Fakultät der Universität Leipzig, besonders von Sebastian Spillner, Reinold Redenyi, René Schmidt, Alexander Arafin, Denny Obendorfer.

Bildnachweis

Zeichnungen:
Martin Veit, Leipzig (Titelseite), Normann Schmidt, Leipzig (1.19, 2.2, 6.6, 8.4), André Pfützner, Leipzig (1.13, 1.17), Dana Leopold, Leipzig (1.2), Paul Härtel, Leipzig (2.3), Joann Fiedler, Altenburg (2.9, 4.3, 4.7, 5.2, 5.5, 5.7, 6.4)

Fotos:
Christian Andrä, Leipzig (1.4, 8.5)

Layout:
Karla Edelmann, Leipzig, Christina Müller, Leipzig

Anmerkung:
Männliche Personenbezeichnungen (Lehrer, Schüler) gelten in diesen didaktisch-methodischen Anre-gungen gleichermaßen für Personen weiblichen Geschlechts.

Weitere Literatur zum Projekt „Bewegte Schule“ (in Sachsen)

Müller, Chr. & Petzold, R. (2015). *Bewegte Schule* (2. neu bearbeitete Auflage). St. Augustin: Academia.

Es werden grundsätzliche Positionen, eine Vielzahl von Beispielen sowie Hinweise zur methodisch-organisatorischen Gestaltung vorgestellt – über das bewegte Lernen hinaus für weitere Bereiche einer bewegten Schule, wie Auflockerungsminuten, Entspannungsphasen, individuelle Bewegungszeiten, bewegungsorientierte Projekte, bewegte Pausen, bewegtes Schulleben. Ergänzt werden die Ausführungen zum Konzept der bewegten Schule durch die Ergebnisse einer Längsschnittstudie zu den Wirkungen.

Müller, Chr. et al. (2004, 2005, 2013, 2014, 2015). *Bewegtes Lernen in den Klassen 5 bis 10/12. Fächer: Fremdsprachen, Biologie, Geschichte, Sozialkunde/Gemeinschaftskunde/Politik, Evangelische Religion, Mathematik, Deutsch, Kunst, Musik, Physik, Geografie, Ethik, Chemie*. St. Augustin: Academia.

Müller, Chr. & Dinter, A. (2013). *Bewegte Schule für ALLE*. Meißen: Unfallkasse Sachsen.

Modifizierungen eines Konzeptes der bewegten Schulen für die Förderschwerpunkte Lernen, geistige Entwicklung, körperliche und motorische Entwicklung, emotionale und soziale Entwicklung sowie Sprache.

Müller, Chr. (2010). *Bewegte Grundschule. Aspekte einer Didaktik der Bewegungserziehung als umfassende Aufgabe der Grundschule* (3. neu bearbeitete Aufl.). St. Augustin: Academia.

Müller, Chr. (Hrsg.). (2006). *Bewegtes Lernen in den Klassen I bis IV. Didaktisch-methodisches Anregungen für die Fächer Mathematik, Deutsch und Sachunterricht* (3. erweiterte und überarbeitete Aufl.). St. Augustin: Academia. Ergänzung durch:

Müller, Chr. et al. (2003, 2009). *Bewegtes Lernen in den Fächern: Ethik, Englisch Anfangsunterricht, Kunst, Musik*. St. Augustin: Academia.

http: //www.bewegte-schule-und-kita.de
http://www.academia-verlag.de/titel/serie/serie_Bewegtes_Lernen.htm

1 Der Mensch als personelles und soziales Wesen

Klasse: 5-7

Thema: **Leben in der Gemeinschaft**

1.1 Kennlernspiele

Ort: Unterrichtsraum
Material: entsprechend der Spiele

Beschreibung: Wenn zu Beginn einer Klassenstufe oder eines Kurses ein Teil der Schüler sich nicht namentlich ansprechen können, unterstützen folgende Spiele das Kennenlernen:

Luftballonspiel
In Kleingruppen wird ein Luftballon in die Luft gespielt und dabei ein Name aufgerufen. Dieses Kind spielt den Luftballon hoch und ruft den nächsten Schüler auf.

Ich bin ...
Ein Schüler nennt seinen Namen und macht eine Bewegung vor. Der Nächste wiederholt jeweils Namen und Bewegung aller vorangegangener Schüler und schließt seinen eigenen Namen und eine Bewegung an.

Varianten:

- weitere Spiele siehe Rückseite sowie in Müller & Petzold, 2014, S. 128-130
- Kennlernspiele auch in den Sportunterricht einbeziehen

Kennlernspiele

für Beginn 5. Klasse bzw. wenn neue Klassen/Kurse gebildet werden
(Müller & Petzold, 2014, S. 128-130)

Begrüßung
Die Schüler gehen durch den Raum. Auf ein vereinbartes Zeichen (Klatschen, Musikstopp u. a.) begrüßen sie sich paarweise durch Körperkontakt (Händedruck, gegen die Handflächen des Partners klatschen, am Ohr zupfen o. Ä.) und nennen dabei den Namen des Partners.

Platzwechsel
Die Schüler bilden einen Kreis und nach Aufforderung des Spielleiters wechseln alle die Plätze, die:

- blonde Haare haben, im Monat ... Geburtstag haben
- gern zeichnen, Sport treiben, in einem Sportverein sind, ein Haustier haben u. a.
- südlich der Schule ... wohnen, mit dem Fahrrad/zu Fuß zur Schule kommen usw.

Bist du ...?
Alle Schüler schreiben Vorname, Geburtstag, Hobbys u. a. auf einen Zettel. Einer wird nach dem Mischen nacheinander jeweils von einem Schüler gezogen. In Kreisaufstellung liest er die Daten von seinem Zettel vor. Während alle überlegen, zu welchem Mitschüler diese passen, läuft der Schüler mit dem Zettel um den Kreis, bleibt bei der vermuteten Person stehen und fragt: „Bist du ...?“

1 Der Mensch als personelles und soziales Wesen — Klasse: 5-10

Thema: **Leben in der Gemeinschaft**

1.2 Interaktionsspiele

Ort: Unterrichtsraum
Material: –

Beschreibung: Der Umgang miteinander und der Aufbau einer Atmosphäre des Vertrauens in der Klasse kann durch Interaktionsspiele eine Unterstützung erfahren.

Kreis im Gleichgewicht
Etwa fünf Schüler bilden einen Kreis mit Handfassung. Sie legen sich vorsichtig nach außen und bemühen sich ihren Kreis im Gleichgewicht zu halten.

Welche Hände gehören zusammen?
Vier Schüler legen ihre Arme verkreuzt in die Mitte. Einem Mitspieler werden die Augen verbunden und er soll durch Abtasten herausfinden, welche Hände zusammengehören oder erfühlen, wem die Hände gehören.

Varianten: weitere Beispiele siehe Rückseite sowie in Müller & Petzold, 2014, S. 130-132

Aura

Zwei Schüler stehen sich mit geschlossenen Augen gegenüber und legen die Handflächen aneinander. Dann lassen sie die Hände sinken, drehen sich dreimal auf der Stelle herum und versuchen jetzt, mit geschlossenen Augen die Hände des Spielpartners zu finden.
(Flügelmann & Tembeck, 1991, S. 37)

Gordischer Knoten

Eine Gruppe von etwa acht Schülern stellt sich in einem engen Kreis auf. Alle legen ihre Arme über Kreuz, strecken sie zur Mitte und fassen die Hände von zwei verschiedenen Mitspielern an, nicht aber die Hände seiner Nebenspieler. Ohne sie loszulassen, versuchen die Spieler den „Knoten" aufzulösen.
(Flügelmann & Tembeck, 1991, S. 69)

Vorsicht Hindernisse!

Von einem Paar schließt einer die Augen und wird von seinem Partner durch Körperkontakt (Handfassung u. a.) vorsichtig um Tische, Stühle und andere Hindernisse geleitet.

Die Kette

Mehrere Spieler bilden eine Kette. Sie rücken dicht aufeinander. Die Kette beginnt sich zu bewegen, zu schunkeln oder sich jeweils auf die Knie des Hintermannes zu setzen.
Variante: Kette zu einem Kreis schließen

1 Der Mensch als personelles und soziales Wesen **Klasse: 5-7**

Thema: **Leben in der Gemeinschaft**

1.3 Teamplayer

Ort: Schulgebäude, Schulhof, Sporthalle, Sportplatz, nahe gelegenes Gelände
Material: entprechend der Spiele

Beschreibung: Jedes (durch Lose entstandenes) Team hält mindestens vier Bahnstreckenteile (halbe kleine „Dachrinnen") aneinander. In ca. 5-8 Metern Entfernung wird eine Ziellinie vereinbart. Auf ein Startzeichen soll eine Murmel durch die Streckenteile rollen. Der Letzte läuft dabei immer nach vorn – bis die Mannschaft das Ziel erreicht hat. Fällt die Murmel herunter, geht das Team zurück an den Start. (Schmidt, 2016)

Wackeltürme
Zwei Teams versuchen jeweils einen Stein aus ihrem Wackelturm (Geschicklichkeitsspiel) herauszuziehen (die ersten drei Lagen nicht verwenden), ohne dass der Turm einbricht. Welches Team baut den höchsten Turm?

Seil schwingen

In jedem Team schwingen zwei Schüler ein langes Seil. Alle anderen Mitglieder des Teams überspringen einzeln und nacheinander das Seil und begeben sich auf die andere Seite.
Welches Team benötigt die wenigste Zeit?

Flussüberquerung

Jedes Team erhält die gleiche Anzahl an Teppichfliesen und hat die Aufgabe, alle Teilnehmer auf das andere Flussufer zu bringen. Dabei muss jede Fliese von einem Körperteil berührt bleiben, bevor sie aufgehoben und in die Bewegungsrichtung gelegt werden kann. Wird diese Regel nicht eingehalten, verliert das Team jeweils eine Fliese.

Sich „eine Scheibe abschneiden“

Jeder Schüler erhält ein A5/A4 Blatt, welches mit ca. 6-8 Feldern zum Ausfüllen vorbereitet ist. Alle Teilnehmer notieren in die freien Felder ihre Stärken bzw. besondere Fähigkeiten und heften sich das Blatt auf den Rücken. Nun bewegen sich die Schüler frei im Raum und können sich vom anderen „eine Scheibe abschneiden“ (notieren). Im anschließenden Auswertungsgespräch begründen sie kurz ihre Entscheidung.
(Schmidt, 2016)

1 Der Mensch als personelles und soziales Wesen Klasse: 5-10

Thema: **Leben in der Gemeinschaft**

1.4 Erlebnispädagogische Aktivitäten

Ort: Schulhaus, Schulgelände, Park/Wald u. Ä.
Material: entsprechend der Aktivitäten

Beschreibung: Mit erlebnispädagogischen Aktivitäten sind soziale Lernziele sowie persönlichkeitsfördernde Aspekte verbunden. Der Aufbau folgt einem 3-Phasen-Modell: Zielfindungsphase (Orientierung), Aktionsphase (Erlebnis), Reflexionsphase (Verarbeitung). Fragen richten sich auf das Verhalten bei der Bewältigung sowie das subjektive Erleben. Die Antworten können verbal gegeben werden, aber auch mithilfe von Körperpositionen (Stehen bei Zustimmung, Liegen bei Ablehnung), pantomimischer Darstellung, dem Zeigen von einem Finger (sehr schlechtes Gefühl) oder bis zu zehn Fingern (sehr gut), dem Aufstellen an einer Meinungslinie u. a. (Bieligk, 2011, S. 11, 116).

Varianten:

- Spiele in eine Geschichte einkleiden (Beispiel s. Müller & Dinter S. 145-147)
- in Verbindung mit Projekten, Wandertagen, Klassen-/Kursfahrten durchführen
- Citybound Aktionen (Stadtspiele) einbeziehen (Müller & Petzold, 2016, S. 226-227)

Beispiele für erlebnispädagogische Aktivitäten: (Zuarbeit von Christian Andrä, 2016)

Auf dem Gipfel
Die Gruppe besteigt einen Berg (Kletterbewegung). Beim Rasten finden alle auf einer Decke/Folie Platz. Je höher sie kommen, um so kleiner wird die Unterlage (immer wieder halbieren). Alle müssen trotzdem darauf Platz finden.

Holz-Klötzer stapeln
In Gruppen wird versucht, mit Klötzern (Holzklötzerspiel/ Fröbelturmspiel) in der Mitte einen Turm zu bauen. Die Klötzer können mit Punkten markiert sein. Welche Gruppe schafft das Ziel von 20 Punkten bzw. in einer vorgegebenen Zeit die meisten Punkte?

Verbunden Essen
Alle Teilnehmer sind beim Essen mit einem langen Seil verbunden (alle rechten Hände oder alle Hände). Der Abstand sollte 40 cm oder weniger betragen, damit die Gruppe wirklich kommunizieren muss. Wichtig: Knotentechnik verwenden, die sich nicht enger zieht.

Weitere Aktivitäten siehe: http://www.abenteuerprojekt.de; http://www.schulerlebnispaedagogik.de

1 Der Mensch als personelles und soziales Wesen Klasse: 5

Thema: **Leben in der Gemeinschaft**

1.5 Die neue Schule erkunden

Ort: Schulhaus, Schulgelände
Material: –

Beschreibung: Zu Beginn der Klasse 5 sollte nach einem Wechsel die neue Schule und ihre Umgebung mit allen Sinnen wahrgenommen und erkundet werden, besonders natürlich auch über den Bewegungssinn (Beispiele siehe Rückseite).

Varianten:

- mit Schätzübungen verbinden (Anzahl der Stufen, Länge des Schulhofes usw.)
- Schulquiz: Grundschüler der 4. Klassen bzw. die neuen 5. Klassen werden von Schülern der 9. Klasse geführt und füllen einen Laufzettel aus. An einzelnen Stellen/Stationen im Schulhaus, in der Sporthalle oder im Außengelände der Schule erhalten die Kinder Informationen und ein Quiz, z. B. zu: Namen der Schulleitung und Sekretärin, Anzahl Schüler gesamt, Bewegungsstationen in der Sporthalle, Ganztagsangebote, Kurse/Profile, Fluchtwege u. a. (Schmidt, 2016)

Wahrnehmen und Erkunden der Schule und ihrer Umgebung über Bewegung:

- durch alle Gänge gehen
- die Augen schließen und sich den Gang entlang tasten bzw. von einem Partner führen lassen
- auf einem Treppenabsatz mit geschlossenen Augen stehen, auf Geräusche hören und bestimmen, woher diese kommen
- die Treppen bis zum Boden hoch bzw. Keller herunter steigen
- aus der obersten Etage/oder vom Boden aus das Schulgelände betrachten
- in unterschiedliche Richtungen über den Schulhof laufen
- zu einzelnen Bäumen/Sträuchern gehen und diese bestimmen
- nach Blumen suchen, diese vorsichtig befühlen, an ihnen riechen
- an unterschiedlichen Stellen des Schulgeländes auf Geräusche hören und diese bestimmen
- zum nördlichsten bzw. südlichsten usw. Punkt des Schulgeländes laufen
- das Schulgelände umlaufen
- barfuß über die Wiese, durch die Sprunganlage, über den Sportplatz gehen
- ohne Schuhe durch die Sporthalle laufen, den Hallenboden und einzelne Geräte (Sprossenwand, Turnbänke usw.) dabei wahrnehmen

1 Der Mensch als personelles und soziales Wesen — Klasse: 5-7

Thema: **Leben in der Gemeinschaft**

1.6 Pausenspiele

Ort: Schulhaus, Schulgelände
Material: entsprechend der Spiele

Beschreibung: Ausgehend von einer Beobachtung des Pausengeschehens im Schulhaus und auf dem Schulgelände werden sinnvolle Varianten der Pausengestaltung, vor allem auch in Verbindung mit notwendigen Bewegungsaktivitäten sowie entsprechenden Regeln diskutiert, erprobt und auftretende Probleme versucht zu klären (Spiel- und Sportgeräte, Einteilung des Schulhofes in Zonen, Abstimmung mit anderen Klassen/ Schülern, Verwaltung der Spielekisten durch Schüler u. a.).

Varianten:

- Verbindung zu Biologie, Sport und anderen Fächern
- Beispiele für Spiele siehe Rückseite bzw. Broschüre „Pausenspiele“ (Petzold, 1994, 2010, SMK, 2015)
- Pausenspielgeräte siehe 1.20

Schattenlauf
Partner als Schatten hinterlaufen und ihm alle Bewegungen nachmachen
Variante: eine Schattenschlange aus mehreren Schülern bilden

Po-Rumpeln
Rücken an Rücken mit einem Partner stehen und mit dem Po versuchen, sich gegenseitig aus dem Gleichgewicht zu bringen

Zieh-Wettkampf
Partner mit Fassung an einer Hand über eine Linie ziehen

Zehenfechten
Handfassung und versuchen einem Mitspieler auf die Füße zu treten

Gruppen-Jonglieren
Spieler stehen in einem Kreis und spielen sich einen Ball mit Fuß/Knie/Kopf/Brust zu, ohne dass dieser den Boden berührt

Klammernhasche
Klammern an der Kleidung befestigen und versuchen, die Klammern der Mitspieler zu ergattern

(Petzold, 1994, 2010, SMK, 2015)

Thema: **Leben in der Gemeinschaft**

1.7 Spielfest

Ort: Sportplatz, Sporthalle
Material: entsprechend der Spielangebote

Beschreibung: Im Zusammenhang mit der Behandlung der Merkmale eines Festes wird gemeinsam mit den Elternvertretern ein Spielfest für die Klasse, die Eltern und Geschwister vorbereitet und durchgeführt.

Ideensplitter:

- alle in die Vorbereitung aktiv einbeziehen, Ideen der Teilnehmer aufgreifen
- Wahlmöglichkeiten anbieten, z. B. durch Spielstände (s. Rückseite)
- Miteinander hat den Vorrang vor dem Gegeneinander
- gemeinsamer Beginn und Abschluss
- Spielfest mit einer kleinen Grillparty o. Ä. ausklingen lassen

Varianten:

- mit Kennlernspielen beginnen (siehe 1.1)
- Spielangebote in ein Schulfest einbeziehen

Spielangebote:

Geschicklichkeitsübungen:
Zielwerfen, Kegeln, Dosenwerfen, Torwandschießen, Ringwerfen (Ringe über Plasteflaschen), durch das geschwungene Seil laufen bzw. es überspringen, Jonglieren, Slacklinen, Becherstapeln, Leitergolf

Freizeitspiele:
Frisbee, Boccia, Speckbrett-Tennis, Indiaca Tennis, Streethockey, Tischtennis, Streetball

„Nonsense-Spiele":
Streichholzweitwurf, Watteweitpusten, Bierdeckelzielwurf, Papierfliegerweitwurf, Stiefelweitwurf, Kirschkernweitspucken, Autorennen (Spielzeugauto an einem ca. 3 m langen Bindfaden befestigen und auf einem Bleistift aufrollen)

Partnerspiele:
- Volleyball-Spiel (einen aufgeblasenen Wasserball möglichst oft über eine Leine zuspielen, ohne dass er den Boden berührt)
- Hocker-Federball (auf Turnhockern stehend sich möglichst lange einen Federball zuspielen)

Gruppenspiele:
Staffelspiele, Kettenhasche, Treffball u. a. Ballspiele, Spiele mit dem Schwungtuch
Weitere Spieldeen in Müller & Petzold, 2014, S.206-213.

1 Der Mensch als personelles und soziales Wesen **Klasse: 5-6**

Thema: **Leben in der Gemeinschaft**

1.8 Spielnachmittag mit Menschen mit Behinderung

Ort: Heilpädagogische Einrichtung, Förderschulzentrum o. Ä.
Material: Spielzeug entsprechend der Inhalte

Beschreibung: Die Klasse organisiert einen Spielnachmittag mit Menschen mit Behinderung. Im Vorfeld erkundigen sich die Schüler, welche Bewegungsmöglichkeiten für die jeweilige Behinderung möglich sind. Den Höhepunkt stellt die gemeinsame Durchführung des Spielnachmittags dar.

Varianten: Aufgaben:
Sammelt Geld (z. B. durch einen Kuchenbasar) und kauft ein Gastgeschenk für den Besuch in einer Einrichtung für Menschen mit Behinderung. Erkundigt euch vorher, was benötigt wird, überbringt die Sachen persönlich und verbindet dies gleich mit einem Spielnachmittag.

Je nach Art und Intensität der Beeinträchtigung können gespielt werden:
Brettspiele:
Mensch ärger dich nicht, Halma, Mühle, Dame und Schach (auch als Bodenvariante), (Riesen-)Mikado, Siedler von Catan

Wahrnehmungsspiele:
Gegenstände oder Naturmaterialien (unter einem Tuch oder in einem Karton) ertasten, Memory-Spiele, Mandala legen, Massageformen, Entspannungsgeschichten

Koordinationsspiele:
Zielwerfen, Kegeln, Dosenwerfen, Torwandschießen, Ringwerfen (Ringe über Plasteflaschen), Becherstapeln, Jonglieren

Freizeitspiele:
Frisbee, Crossboccia, Speckbrett-Tennis, Dart

Partnerspiele:
Klatschspiele, Tanzspiele, Volleyball-Spiel (einen Luftballon sich möglichst oft zuspielen, ohne dass er den Boden berührt)

Gruppenspiele:
Spiele mit dem Schwungtuch, Goalball (Spiel mit einem Glockenball), Rollbrettball. Sitzvolleyball oder Ball über die Leine im Sitzen, Rollstuhlbasketball

Thema: **Leben in der Gemeinschaft**

1.9 Sozialer Nachmittag

Ort: Krankenhaus oder Seniorenheim oder Wohnstätte für Menschen mit Behinderung
Material: –

Beschreibung: Die Schüler verbringen einen Nachmittag in einer medizinisch betreuten Einrichtung. Sie sollten die kranken bzw. die behinderten oder alten Menschen in den Park begleiten, mit ihnen sprechen und versuchen, deren Probleme herauszufinden sowie Verständnis für die Situation des Anderen zu entwickeln. Auch das Pflegepersonal sollte nach ihren Erfahrungen befragt werden. In der folgenden Unterrichtsstunde werden die Probleme sowie die Lösungsmöglichkeiten diskutiert.

Varianten:

- Hinweise siehe Rückseite
- Zeitzeugenbefragung
- Weitere mögliche Formen könnten sein: Sozialer Tag, Weihnachtsbasar, gemeinsames Backen, Unterstützung beim Gebrauch moderner Medien, gemeinsame Pflanzenpflege oder das Gestalten von Fluren u. a. (Schmidt, 2016)

Hinweise:

Vorbefragung des Pflegepersonals:

- Mit welchem Menschen beschäftige ich mich?
- Was muss ich vorher unbedingt über die Person wissen?
- Welches Thema sollte ich gegebenenfalls nicht ansprechen?

Interviewkarten vorbereiten:
Die Schüler sollten im Vorhinein Karten mit ersten Fragen und Themen vorbereiten. Das erleichtert zum einen den Einstieg in die Gespräche und zum anderen das Anfertigen von Notizen, welche für die Nachgespräche und Auswertung notwendig sind.
(Härtel, 2015, Anhang)

1 Der Mensch als personelles und soziales Wesen — Klasse: 5-8

Thema: **Leben in der Gemeinschaft**

1.10 Perspektivenwechsel

Ort: Unterrichtsraum
Material: Augenbinden, Ohrstöpsel

Beschreibung: Für den Zeitraum einer Unterrichtsstunde wird einzelnen Schülern das Sehen, Hören oder Sprechen genommen durch Abbinden der Augen, Ohrstöpsel bzw. absolutes Sprechverbot. Diesen Schülern darf natürlich geholfen werden, während der Unterricht normal weiterläuft.
Anschließend reflektieren die jeweiligen Schüler über Probleme, Empfindungen usw.

Beispielstunde mit Gruppenarbeit:

Je Gruppe:

- 1x Sehschwäche
- 1x Hörschwäche
- 1x Stimmschwäche

Jede Gruppe besteht aus ca. fünf Schülern. Diese dürfen sich entsprechend der jeweiligen Vorgaben helfen, um die Aufgabe zu bewältigen.

Ausarbeitungen zum Thema: Menschen mit Behinderung in:

- Kunst (z. B. van Gogh)
- Musik (z. B. Beethoven, Ray Charles)
- Sport (z. B. Marla Runyan)
- Film (z. B. Peter Radtke, Christopher Reeve)
- Wissenschaft (z. B. Stephen Hawking)

Anfertigen eines Plakates – danach Präsentation und Gruppenauswertung

- Was hat gut geklappt?
- Was war schwer?
- Was habt ihr gefühlt?
- Wie habt ihr euch aufgenommen gefühlt? (Härtel, 2015, Anhang)

Thema: **Leben in der Gemeinschaft, Urteil und Vorurteil**

1.11 Ungleichheit

Ort: Unterrichtsraum
Material: Rollenkarten

Beschreibung: Die Schüler bekommen in zufälliger Reihenfolge Karten, auf denen unterschiedliche Rollen (1) notiert sind, welche bis zur Diskussion geheim bleiben. Sie sind nun aufgefordert, sich in ihre Rolle hineinzuversetzen. Anschließend werden verschiedene Fragen gestellt (2). Nach subjektiver Einschätzung sollen diese individuell mit „Ja" oder „Nein" beantwortet werden, im Falle des Bejahens wird ein Schritt nach vorn getreten. Im Anschluss beschreiben die Schüler die emotionale Lage der Rolle (3) – basierend auf vier vorgegebenen Begriffen: Grenzen, Freiheit, Leben. Chancen. Dadurch erhält die Klasse weitere Eindrücke in die Rollen. Ziel der abschließenden Diskussion ist es, unter der Fragestellung: „Woher kommen (diese) Unterschiede?" Ursachen von Diskriminierung und ungleicher Behandlung herauszustellen.

Variante: Die Schüler schütteln ihre Rolle nach dem Spiel aktiv von sich ab.

Beispiele für ...

(1) Rollen	**(2) Fragen** *Kannst du…*	**(3) Beschreibung von Emotionen**
• 19-jähriger Arbeitsloser mit Hauptschulabschluss, deutsche Mutter und afrikanischer Vater • 19-jährige Punkerin, jobt in einer Kneipe • 28-jähriger Hartz IV-Empfänger ohne Berufsausbildung • 17-jähriger deutscher Azubi • 16-jähriger Flüchtling ohne Familie, lebt in einer Wohngemeinschaft • 15-jährige Muslima auf deutschem Gymnasium mit guten Schulnoten • 56-jähriger Mathematikprofessor mit jüdisch-polnischer Herkunft • 37-jährige Deutsche, ledig, Krankenschwester • 22-jährige Schwangere, ledig	… jederzeit deine Meinung frei äußern? … dich innerhalb deines Landes frei bewegen? …. ohne Diskriminierung durch deine Stadt gehen? … deine Zukunft planen? … von deinem Einkommen leben? … behaupten, gleichberechtigt zu sein? … frei wählen? … jederzeit deine Familie besuchen? … einen Alltag ohne Gewalt erleben? … deinen Alltag ohne Probleme bewältigen?	Trotz eines demokratischen Systems spüre ich viele Grenzen in meinem Leben. Ich habe das Gefühl, mich frei entfalten zu können. Ich bin mit meinem aktuellen Leben sehr zufrieden, was so nicht zu erwarten war. Ich habe jetzt die große Chance, das zu erreichen, was ich möchte. usw.

In Anlehnung an: Deutsches Institut für Menschenrechte, bpb (Bundeszentrale für politische Bildung), Europarat (Hrsg.). (2005). Kompass. Handbuch zur Menschenrechtsbildung für die schulische und außerschulische Bildungsarbeit (S. 132-134). Zugriff am 2.Oktober 2016 unter http://www.institut-fuer-menschenrechte.de/menschenrechtsbildung/bildungsmaterialien/kompass

1 Der Mensch als personelles und soziales Wesen — Klasse: 5-9

Thema: **Leben in der Gemeinschaft**

1.12 Kontraste

Ort: Unterrichtsraum
Material: –

Beschreibung: Zu zweit oder zu dritt stellen die Schüler szenisch eine erlebte Alltagssituation aus Familie, Schule oder Freizeit dar, bei der es um Normen im menschlichen Zusammenleben, Normverstöße und Sanktionen geht. Sie spielen zuerst eine Variante, bei der sie die Verhaltensweisen einer oder mehrerer Personen nicht anerkennen, und anschließend stellen sie eine angemessene Lösung gegenüber, die ihre Akzeptanz findet.

Variante: Schattenspiel hinter aufgespannten Bettlaken

Beispielsituationen:

- Vorurteile gegenüber einem neuen Schüler, gegenüber Jungen oder Mädchen, …
- Hilfeleistung im Alltag (über die Straße helfen, Einkäufe tragen, Orientierung in der Stadt)
- Diebstahl im Supermarkt, in der Schule, im Bekleidunggeschäft
- Mobbing
- Umweltverschmutzung
- Schulschwänzen
  (Härtel, 2015, Anhang)

Thema: **Leben in der Gemeinschaft**

1.13 Konflikte mit den Eltern

Ort: Unterrichtsraum
Material: Bekleidungsstücke

Beschreibung: In Kleingruppen spielen die Schüler Konfliktsituationen durch, die häufig zwischen den Eltern und Kindern auftreten.

- Die Tochter geht mit der Mutter Bekleidung einkaufen.
- Der Sohn möchte schon zur Disko bzw. wie lange darf er am Wochenende mit Freunden unterwegs sein?
- Thema: Taschengelddiskussion

Lösungsstrategien sollen angeboten und anschließend diskutiert werden.

Variante: zu Gesprächen mit den Eltern anregen

Disco

1 Der Mensch als personelles und soziales Wesen **Klasse: 5-10**

Thema: **Entscheiden und Handeln**

1.14 Was wäre gewesen, wenn ...?

Ort: Unterrichtsraum
Material: Zeitungsausschnitte (Beispiel siehe Rückseite)

Beschreibung: In Kleingruppen informieren sich die Schüler in den ausliegenden Zeitungsausschnitten über Auswirkungen des Handelns von Menschen in konkreten Situationen. Sie nehmen eine Bewertung vor und diskutieren, was gewesen wäre, wenn der Betroffene anders entschieden hätte. Zum Abschluss stellt die Gruppe den anderen ihre Situation vor und zeigt andere Entscheidungsmöglichkeiten und deren Auswirkungen auf.

Varianten:

- Beispiele szenisch gestalten
- in Kleingruppen ein Hörspiel produzieren

Beispiel für Zeitungsausschnitt (ausgewählt von Härtel, 2015)

Mit einem beherzten Einsatz haben zwei Schüler in München einen betrunkenen Mann von U-Bahn-Gleisen gerettet. Sie zogen ihn auf den Bahnsteig, kurz bevor eine U-Bahn heransauste.

Zwei 15-Jährige haben einen Mann am späten Donnerstagabend auf den Gleisen am Olympia-Einkaufszentrum liegen sehen. Wie die Polizei am Freitag mitteilte, sprangen sie sofort ins Gleisbett, um den 61-Jährigen auf den Bahnsteig zurück zu holen.
In diesem Moment rauschte eine U-Bahn heran – nur mit einer Vollbremsung konnte der Fahrer gerade noch einen schlimmen Unfall verhindern. Der 61-Jährige wurde ärztlich versorgt, er hatte lediglich eine leichte Platzwunde über der Augenbraue.
(Zugriff am 09. Juni 2016 unter http://www.focus.de/regional/muenchen/notfaelle-schueler-retten-61-jaehrigen-von-u-bahngleisen_id_3670803.html

Thema: **Entscheiden und Handeln**

1.15 Geschichtenerzähler

Ort: Unterrichtsraum
Material: Geschichten zu einem Thema (siehe Rückseite)

Beschreibung: Der Lehrer erzählt der Klasse eine Geschichte. Die Schüler verändern alle ihre Sitzposition, wenn der Protagonist der Geschichte nach einem bestimmten Raster oder gegen ein festgelegtes Raster handelt, welches den Schülern bekannt sein muss. Anschließend können die vorgestellten Raster genauer unter die Lupe genommen und die Einstellungen der Schüler dazu diskutiert werden.

Varianten: Möglichkeiten für dieses Raster, die vorgegeben sein können, sind:
Die 10 Gebote, Goldene Regel, Mitleid, Gewissen, Schulordnung, StVO usw.

Geschichte zur Straßenverkehrsordnung:

Fred darf endlich fahren

Fred hat endlich seinen Mopedführerschein. Heute darf er das erste Mal den Schulweg mit seinem neuen Moped zurücklegen. Als erstes kommt er an den Fußgängerüberweg, wo er ein Rentnerehepaar sieht. Er hält nicht an, sondern fährt einfach weiter. Da Fred spät dran ist, durchquert er die geschlossene Ortschaft mit 60 km pro Stunde. An der Ampel vor der Schule sieht er keine Passanten und so meint er, dass er auch bei Rot über den Fußgängerüberweg fahren kann. Vor der Schule ist eine Geschwindigkeit von 30 km pro Stunde erlaubt. Da Fred aber zu spät gekommen ist, fährt er einfach 50 km pro Stunde. Weil er vor seinen Mitschülern prahlen will, schneidet er vor der Schuleinfahrt auch noch einen Radfahrer. Dabei übersieht er einen Schüler, welcher noch im letzten Moment zur Seite springen kann.
Diesmal hatte Fred noch Glück. Doch wenn er so weiter fährt, wird er seinen Führerschein bald wieder abgeben müssen.

1 Der Mensch als personelles und soziales Wesen

Klasse: 5-10

Thema: **Entscheiden und Handeln**

1.16 Spielregeln

Ort: Unterrichtsraum, Schulhaus, Schulgelände
Material: entspr. der Spiele

Beschreibung: In etwa drei gebildeten Gruppen probieren die Schüler bisher weniger bekannte Bewegungsspiele aus (Spielidee erst besprechen). Sie sammeln dabei Erfahrungen, welche Regeln für ein gelingendes Spiel sinnvoll sind und fassen diese schriftlich in einem Regelwerk zusammen. (Schulz, 2012)

Varianten:

- Die Spiele werden anschließend mit den anderen Gruppen durchgeführt und die Sinnhaftigkeit der Regeln besprochen.
- Die älteren Schüler schlagen Spiele vor, die sie im Internet sichten oder selbst erfinden.
- Die Spiele können dann in der bewegten Pause oder bei Spiel- und Sportfesten Anwendung finden.
- Spielvorschläge siehe Rückseite

Spielvorschläge:

- Indiaca
- Boccia
- Frisbee
- Triolectique (Dreiseitiger Fussball)
- Ballprobe
- Headis
- Kubb
- Kick-Ball (Hacky-Sack)
- Münzen werfen (Wandpfennig)
- Tisch-Fußball
- Seilklau
- Der Stab fällt
- Slalomlauf
- Dreieckfangen
- Brückenwächter
- Zuckball

Spielbeschreibungen und weitere Vorschläge in Müller & Petzold, 2014, S. 197-199, Petzold, 2010, SMK, 2014)

1 Der Mensch als personelles und soziales Wesen **Klasse: 5-7**

Thema: **Entscheiden und Handeln**

1.17 Fair play

Ort: Unterrichtsraum
Material: –

Beschreibung: Gruppenarbeit: Je zwei Schüler (Darsteller) spielen pantomimisch eine unfaire Situation vor, die sie im Sportunterricht, Sportverein u. a. erlebt oder die sie in einer Sportsendung gesehen haben. Die anderen Gruppenmitglieder ahmen die Bewegungen nach und versuchen, die Situation zu deuten. Die Darsteller erläutern das Erlebnis. Die Mitschüler bieten pantomimisch sportlich faire Verhaltensweisen an. Welche Variante gefällt am besten? Welchen Sinn haben formelle und informelle Regeln?

Variante: Die Gruppe einigt sich auf eine sportliche Situation zum Thema Fair play und spielt diese den anderen Gruppen vor.

Beispiele:

Foul im Handball
Schwalbe im Fußball
Doping in der Leichtathletik
Schlag unter die Gürtellinie im Boxen
„Phantomtor“ von Stefan Kießling

„Hand Gottes“ von Diego Maradona
Behinderung beim 100-Meter-Sprint
Schlag nach dem Gong im Boxen
Vorlassen in der Formel 1
Tackling im American Football
(Härtel, 2015, Anhang)

1 Der Mensch als personelles und soziales Wesen Klasse: 5-10

Thema: **Konflikte, deren Ursache und Bewältigung**

1.18 Konflikte im Sport

Ort: Unterrichtsraum, Sporthalle, Sportplatz
Material: entsprechend der Inhalte

Beschreibung: Gemeinsam wird besprochen, welche Konflikte im Sportunterricht auftreten können und warum (z. B. Leistungsunterschiede, unterschiedliche Interessen von Jungen und Mädchen, Mannschaftszusammenstellungen). In Gruppenarbeit wird nach Lösungsstrategien gesucht, diese (im Sportunterricht) ausprobiert und gemeinsam bezüglich des Resultates eine Einschätzung vorgenommen.

Varianten:

- Mindmape (siehe Rückseite)
- Konflikte bei Klassenfahrten

Anfertigen von Mindmaps: Welche Konflikte gibt es? (Härtel, 2015, Anhang)

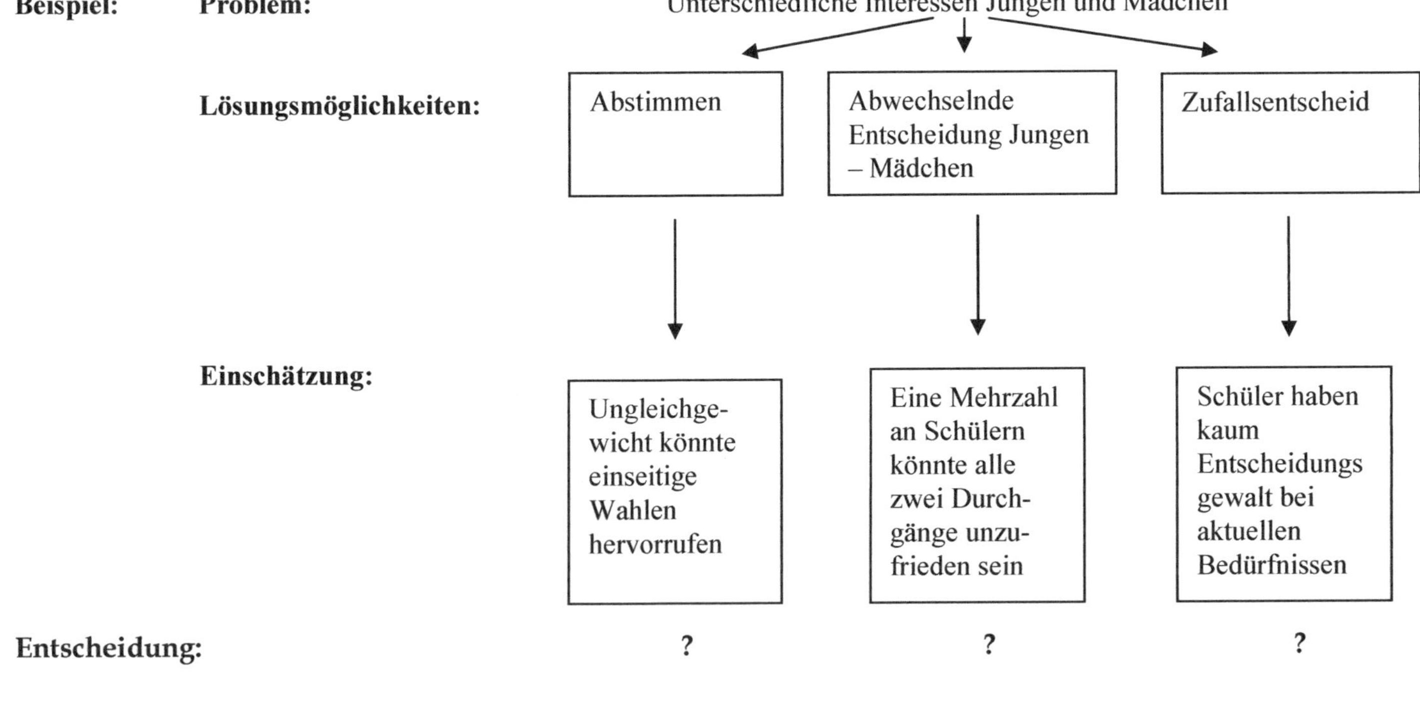

1 Der Mensch als personelles und soziales Wesen **Klasse: 5-10**

Thema: **Konflikte, deren Ursache und Bewältigung**

1.19 Konflikte auf dem Pausenhof

Ort: Schulgelände
Material: evtl. Videokamera

Beschreibung: Über mehrere Pausen beobachten die Schüler, welche Konflikte auf dem Pausenhof auftreten. Sie analysieren die Ursachen und beraten Lösungsstrategien. Die Schüler erkennen, dass sinnvolle Bewegungsmöglichkeiten ein Mittel gegen aggressives Verhalten sein können. Gemeinsam wird nach Lösungen für Veränderungen auf dem Pausenhof gesucht sowie nach Realisierungsmöglichkeiten (Zusammenarbeit mit Elternvertretern, Schulträger, örtlichen Vertretungen, Institutionen usw.) gesucht.

Varianten:

- ein Video drehen
- Kommentare verfassen, aufschreiben, sprechen und ins Video einpassen
- Präsentation/Diskussion des Videos mit den Verantwortungsträgern für die Schule
- mit der Szenario-Methode verbinden
- Konflikttagebuch führen (siehe Rückseite)

Konflikttagebuch:
Jeder Schüler beobachtet im Verlauf einer Woche drei (aus seiner Sicht besondere) Konflikte und bearbeitet kurz im vorgegebenen Muster: (siehe Arbeitsblatt 3)

- Wie wurde der Konflikt ausgetragen? (Sachkonflikt)
- Worum ging es bei diesem Konflikt? (Ursachen)
- Wie ging der Konflikt aus? (Lösung mit einbeziehen)
- Wie hättest DU den Konflikt gelöst? Begründe deine Entscheidung.

Jeder Schüler überträgt seine Antworten in das Arbeitsblatt, um anschließend mit einem Partner im szenischen Spiel einen Konflikt darzustellen.

Schwierigkeitssteigerung: Verwendung von Mimik und Gestik (Schmidt, 2016)

1 Der Mensch als personelles und soziales Wesen **Klasse: 5-10**

Thema: **Konflikte, deren Ursache und Bewältigung**

1.20 Bewegte Pause

Ort: Unterrichtsraum oder Schulhof
Material: Seile, Ringe, Bälle, Stelzen u. a.

Beschreibung: Die Klasse überlegt sich Bewegungsaktivitäten, probiert diese selbst aus und regt in Hofpausen Schüler anderer Klassen zum Mitmachen an.

Varianten:

- den Schulhof in einen Bewegungsmarkt umgestalten (Materialien siehe Rückseite)
- Schüleraufsichten einsetzen
- Musik einspielen
- auf dem Schulhof einen Fitnessparcours als Trimm-Dich-Pfad bauen, Partner zu Unterstützung suchen
- Möglichkeiten zur Öffnung des Schulhofes für die Freizeit prüfen

Beispiele zu Materialien für einen Bewegungsmarkt:

Bälle	**Seile und Netze**	**Hindernisse, Markierungen**	**Geräte/Spiele**	**Fahrzeuge u. a.**
Basketball Fußball Tennisball Handball Volleyball Football Federball Catch-Ball Zeitlupenball Indiaca Ball Baseball	Springseil Rope Skiping Seil Slackline Ball-Leine Sportnetze (z. B. für Volleyball) Tornetze Kletternetz Kickback	Markierungskegel Stangen Hocker Bänke weiße und farbige Kreide unterschiedliche Motive auf dem Boden, z. B. Schachfeld	Tischtennistisch (Cross-)Boccia Klettballspiel Federballspiel Fußballtennis Kicker-Tisch Stacking Becher Soft-Wurfscheibe Minigolf Leitergolf (Magnet-)Dart Trampolin Mikado Bodenschachfiguren Outdoor Fitnessgeräte	Kickboard Pedalo Einrad Stelzen Rollbrett Skateboard Waveboard Longboard Pogo-Stick

Thema: **Regelung des menschlichen Zusammenlebens**

1.21 Unsere Schulordnung

Ort: Unterrichtsraum, Schulhaus
Material: Schulordnung

Beschreibung: Kleingruppen lesen im Schulhaus die ausgehangene Schulordnung. In den Unterrichtsraum zurückgekehrt, notieren sie sich in Gruppenarbeit ihre Rechte und Pflichten. Sie gehen noch einmal ins Schulhaus und vergleichen auf Vollständigkeit. Auf dem Rückweg besprechen sie, welche der Normen für sie verständlich sind und welche nicht. Letztere werden zum Abschluss vor der Klasse zur Diskussion gestellt.

Varianten:

- Lose mit Punkten der Schulordnung ziehen und in Kleingruppen den Inhalt darstellen
- ähnliches Beispiel mit dem Grundgesetz durchführen
- Paragraphen erklettern (an einer Hindernisstrecke oder Boulderwand einzelne Paragraphen anbringen)
- Aufgabenbeispiele siehe Rückseite (Härtel, 2015, Anhang)

Aufgaben:

1. Unterteilt die Schulordnung in Rechte für Schüler, Pflichten für Schüler und Sonstiges! Fertigt dafür eine Tabelle an.

Rechte für Schüler	Pflichten für Schüler	Sonstiges

2. Besprecht die Punkte. Versucht unklare Paragraphen in der Gruppe zu klären.

3. Welche Punkte sind auch nach eurer Diskussion noch unklar geblieben? Notiert diese.

4. Schreibt eure Ideen für Verbesserungen innerhalb der Schulordnung auf und begründet diese.

5. Stellt sowohl eure Fragen aus Aufgabe 3 sowie eure begründeten Vorschläge aus Aufgabe 4 der Klasse vor.

1 Der Mensch als personelles und soziales Wesen — Klasse: 5-6

Thema: **Regelung des menschlichen Zusammenlebens**

1.22 Verkehrssünder

Ort: große Kreuzung in Schulnähe
Material: Notizblöcke, evtl. StVO

Beschreibung: Vor Ort werden Zeichen und Regeln wiederholt. Danach haben die Schüler 15 Minuten Zeit, um die Kreuzung zu beobachten. Jeder notiert sich Fehler der Verkehrsteilnehmer. Anschließend werden diese verglichen und diskutiert, z. B. grüner Opel ist ohne Blinken abgebogen. Gleichzeitig soll aber auch nach vorbildlichem Verhalten von Verkehrsteilnehmern „gefahndet" und begründet werden, worin die Beispielhaftigkeit besteht.

Varianten: siehe Rückseite

Varianten:

- eine Tabelle mit Beobachtungsaufgaben anfertigen, um die Fehler sowie besonders rücksichtsvolles Verhalten zu notieren, dabei die jeweilige Uhrzeit, Fahrzeugbeschreibung und die besondere Situation einbeziehen (Härtel. 2015, Anhang)
- evtl. Gruppen einteilen, z. B. Beobachtung vom Auto- oder Radfahrern, von Fußgängern – deren Verhalten vergleichen
- Verkehrssituationen auf dem Schulgelände aufbauen (Zusammenarbeit mit externen Partnern) und mit dem eigenen Fahrrad (und Helm) den Parcours absolvieren (Mitschüler sind behilflich, beobachten und korrigieren Fehler.) (Schmidt, 2016)
- einen örtlichen Verkehrsgarten nutzen
- Schülerlotsen mit Hilfe eines Polizisten ausbilden

1 Der Mensch als personelles und soziales Wesen **Klasse: 5-6**

Thema: **Regelung des menschlichen Zusammenlebens**

1.23 Straßenverkehrsordnung

Ort: Unterrichtsraum

Material: nummerierte Karten mit Fragen zur Straßenverkehrsordnung und Antwortmöglichkeiten (A, B, C) (Beispiele siehe Rückseite)

Beschreibung: Die Fragekarten liegen im Raum verteilt. Die Schüler gehen zu den einzelnen Karten. Sie lesen die Frage und die Antwortmöglichkeiten, entscheiden sich für eine und schreiben diese mit der dazugehörigen Nummer der Frage am Platz in Satzform auf. Anschließend werden Antwortkarten ausgelegt, mit denen die Schüler vergleichen können. Gegebenenfalls korrigieren sie ihre eigene Niederschrift.

Variante: mit Frage- und Antwortkarten kann auch bei anderen Themen gearbeitet werden

1. Ein Auto kommt an einen Zebrastreifen an dem Passanten stehen. Muss der Fahrer anhalten?
   A) ja B) nein C) er kann, muss aber nicht

2. Es ist ein Radweg ausgeschildert. Was ist dem Passanten erlaubt?
   A) Inline skaten B) Radfahren C) Joggen

3. Beschreibe die Aussage des folgenden Zeichens?

A) Fußgänger dürfen die Straße in ihrer ganzen Breite benutzen, Kinderspiele sind überall erlaubt.
B) Der Fahrzeugverkehr muss Schrittgeschwindigkeit einhalten. Die Fahrzeugführer dürfen die Fußgänger weder gefährden noch behindern, wenn nötig müssen sie warten.
C) Das Parken ist außerhalb der dafür gekennzeichneten Flächen unzulässig, ausgenommen zum Ein- oder Aussteigen, zum Be- oder Entladen.

4. Was bedeutet dieses Schild für einen Autofahrer?

Wilster
Kreis Steinburg

A) Ende eines Ortes
B) Die Autofahrer müssen ihre Geschwindigkeit auf 50 km/h reduzieren.
C) Die Autofahrer müssen ihre Geschwindigkeit auf 30 km/h reduzieren.

1 Der Mensch als personelles und soziales Wesen **Klasse: 7-10**

Thema: **Gewissen und Verantwortung**

1.24 „Gewissensbisse“

Ort: Unterrichtsraum
Material: Leine, Klammern, Begriffskarten (Beispiele siehe Rückseite)

Beschreibung: Die Begriffskarten liegen im Raum verteilt. Die eine Hälfte der Klasse sucht Begriffe zum guten Gewissen, der andere Teil zum schlechten Gewissen. Die Karten werden an der Meinungsleine entsprechen positioniert. Die beiden Gruppen werden eine individuelle Ordnung der Begriffe selbst feststellen, z. B. wird ein Teil der Schüler „Fleisch essen“ als nicht verwerflich einordnen, andere werden dabei ein schlechtes Gewissen haben.

Varianten:

- Kriterien für gutes oder schlechtes Gewissen entwickeln
- Begriffskarten auf eine Meinungslinie legen

Beispiele für Begriffskarten
(jeden Begriff mehrfach aufschreiben)

- Fleisch essen
- nach 21 Uhr fernsehen
- stehlen
- Notlügen ausdenken
- zweimal am Tag die Zähne putzen
- aufräumen usw.

2 Das „Ich“ des Schülers

Klasse: 5-7

Thema: **Der Mensch und sein persönliches Leben**

2.1 Mein Hobby

Ort: Unterrichtsraum, Schulgelände
Material: Materialien entsprechend der Hobbys

Beschreibung: Jeder Schüler sollte sich so vorbereiten, dass er den Mitschülern anhand von Materialien, Fotos, evtl. Videos, möglichst aber in Verbindung mit eigener Bewegungstätigkeit, einen kurzen Einblick in sein Hobby geben kann. Paare oder Kleingruppen bilden sich durch selbstständigen Wechsel immer wieder neu.
Zum Schluss sollte über die vorgestellten Freizeitbeschäftigungen diskutiert werden.

Varianten:

- Welche Schüler haben gemeinsame Hobbys? (Gruppenbildung zu gemeinsamen Hobbys ist zu Beginn des Schuljahres zum Kennenlernen geeignet.)
- Hobbys können in Verbindung mit einem Schulfest vorgestellt werden.

Weitere Varianten:

Den Schülern steht es frei, ob sie entweder ihr Hobby direkt nennen und beschreiben sowie prägnante Situationen berichten, die sie in Verbindung mit dem Hobby einmal erlebt haben ...

oder ...

ob sie anhand von Bildern, Bewegungsimitationen bzw. anhand von mehr oder weniger bekannten Persönlichkeiten dieses Gebietes eine Art Rätsel gestalten, sodass der Gegenüber das Hobby erraten kann. Auch nach (evtl. schnellem) Erraten hat der Schüler die Möglichkeit, eine oder mehrere besondere persönliche Meilensteine seines Hobbys zu erzählen.
(Härtel, 2015, Anhang)

2 Das „Ich“ des Schülers

Klasse: 6-10

Thema: **Der Mensch und sein persönliches Leben**

2.2 Ernährungskreis

Ort: Unterrichtsraum
Material: Kreide, Bildkarten

Beschreibung: In Gruppenarbeit wird der Ernährungskreis (siehe Rückseite) auf den Boden gemalt. Die Schüler fertigen Bildkarten mit Lebensmitteln an, die für eine gesunde vollwertige Kost wichtig sind, und sortieren diese ein.

Varianten:

- über den Kreis eine Folie legen und echte Lebensmittel einordnen
- in eine Ernährungspyramide im Raum (Boden, Tisch, Leine o. Ä.) Lebensmittel nach Ampelfarben einsortieren

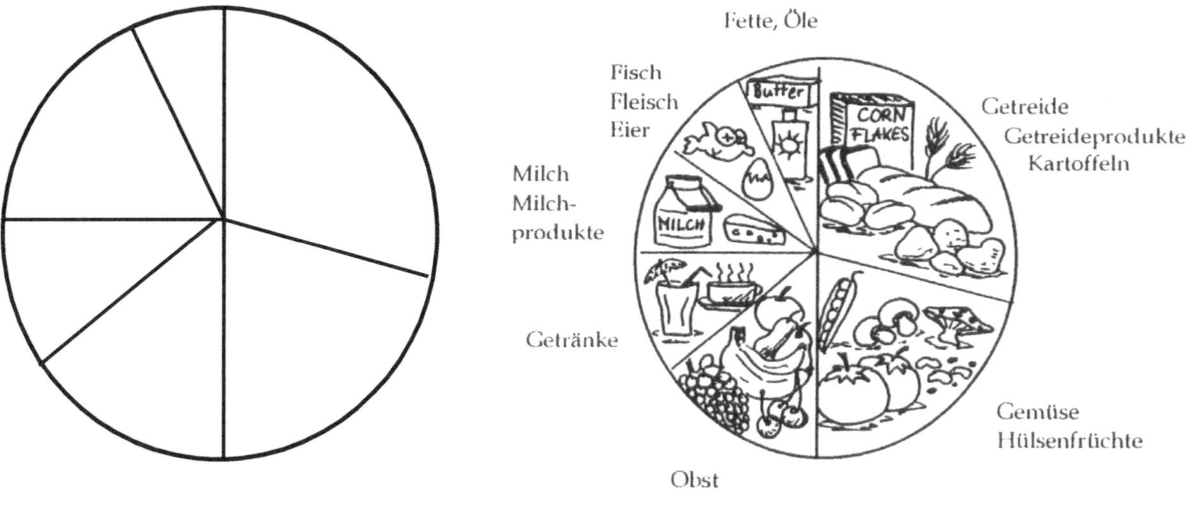
Fette, Öle
Fisch
Fleisch
Eier
Butter
CORN FLAKES
Getreide
Getreideprodukte
Kartoffeln
Milch
Milch-
produkte
MILCH
Getränke
Gemüse
Hülsenfrüchte
Obst

Thema: **Der Mensch und sein persönliches Leben**

2.3 Ernährungsstraße

Ort: Unterrichtsraum
Material: Speisen aller Art, Straßenzeichen, Teller, Besteck

Beschreibung: Die Schüler bringen sich ihr Lieblingsessen mit und ein Nahrungsmittel, von dem sie denken, es wäre sehr gesund und nahrhaft. Dann werden die „Essenstraßen“ aufgebaut (Obststraße, Gemüsestraße ...). Dabei gibt es natürlich auch Einbahnstraßen und Achtungsschilder, welche folglich mit den Straßenverkehrszeichen beschildert werden (siehe Rückseite). Der Sinn der Schilder erklärt sich durch den ernährungstechnischen Aspekt für die Schüler. Beispiel: fettiges Essen – Einbahnstraße wegen der erhöhten Fettanlagerung im Körper oder Obst als vierspurige große Straße, weil es sehr gesund ist usw.

Die Klasse geht dann die gemeinsam gebauten Straßen ab und diskutiert die Aufstellung der Schilder im Zusammenhang mit den Speisen.

Varianten:
- einen Ernährungsberater einladen
- einen Einkaufsmarkt gestalten, auf dem die Schüler gesundes Essen einkaufen

STOP
Cola

2 Das „Ich“ des Schülers — Klasse: 5-10/12

Thema: **Selbstfindung**

2.4 Aktive Stressbewältigung

Ort: Unterrichtsraum, Schulgelände
Material: -

Beschreibung: Jeder Schüler stellt sich eine Konfliktsituation vor, die ihn sehr aufregt. Sie bewegen sich drohend, schimpfend, kopfschüttelnd, mit wilden Armbewegungen u. a. durch den Raum. Die Gebärden werden immer kleiner. An ihrem Platz angekommen, finden sie einen ruhigen Atemrhythmus, schließen die Augen und spüren die Entspannung. (Bucher, 2000, S. 67)

Varianten:

- evtl. Musik einsetzen, z. B. „Die Wut über den verlorenen Groschen“ von Ludwig v. Beethoven, op. 129, als Gegenstück dazu ruhige Entspannungsmusik
- paarweise sich austauschen, was man machen kann, wenn man wütend wird, z. B. langsam bis 10 zählen oder tief durchatmen oder sich einen Witz erzählen und gemeinsam lachen
- Beispiel für Stressbewältigung durch Bewegung (siehe Rückseite), weitere Formen für Entspannungsmethoden (siehe u. a. Müller & Petzold, 2014, S. 124-164, 183-186)

Beispiel für Stressbewältigung durch Bewegung:

Du starterst an deinem Platz und überlegst dir eine Situation, die dich richtig aufregt.

Stehe auf und laufe eine Runde durch das Schulhaus oder das Schulgelände, während du deinem Ärger Ausdruck verleihst. Beachte aber, dass dies in Zimmerlautstärke geschieht und niemand zu Schaden kommt.

Während du deine Runde drehst, verarbeitest du deine Wut über die gedachte Konfliktsituation. Verwende Techniken, um den Ärger zu überwinden.

Nach einer Runde und der Ankunft an deinem Platz solltest du dich wieder beruhigt haben. Setze dich hin, schließe deine Augen und atme tief ein und aus, spüre die Entspannung.

Fühlst du dich noch zu aufgewühlt, läufst du noch eine zweite Runde.
(Härtel, 2015, Anhang)

Thema: **Selbstfindung**

2.5 Progressive Muskelentspannung (PM)

Ort: Unterrichtsraum
Material: –

Beschreibung: Jeder Schüler stellt sich eine Stresssituation vor. Gemeinsam lernen sie Übungen aus der progressiven Muskelentspannung (siehe Rückseite) kennen, führen diese aus und erfahren die entspannende Wirkung.

Varianten:

- Einsatz vor Klassenarbeiten
- Einbeziehen in andere Fächer
- Empfehlung für Klassen mit Schülern mit speziellem Förderbedarf (ADHS, Autismus u. a.)

Progressive Muskelentspannung

- weitgehend eine Atmosphäre der Ruhe und Geborgenheit schaffen (Fenster schließen, evtl. Rollos zuziehen), bequem und locker auf dem Stuhl sitzen und Augen schließen, Teilnahme freiwillig
- die Muskeln 5 bis 7 Sekunden anspannen, dann 15 bis 20 Sekunden entspannen
  - Hände zur Faust ballen, Oberarme anwinkeln
  - Schultern an die Ohren ziehen, evtl. zusätzlich Grimassen schneiden
  - Gesäßmuskeln anspannen
  - Zehen nach oben ziehen, Fersen kräftig auf den Boden drücken
- evtl. jede Übung wiederholen, Übungsdauer insgesamt 3 bis 5 Minuten
- langsam und ruhig sprechen und möglichst selbst mitmachen
  (Müller, & Petzold, 2014, S. 144-147)

Thema: **Selbstfindung**

2.6 Yoga

Ort: Unterrichtsraum
Material: Musik, evtl. Gymnastikmatten

Beschreibung: Yoga ist die älteste Form der Vereinigung von Körper, Geist und Seele. Dazu nutzt man folgende fünf Prinzipien: richtige Entspannung, richtige Übungsauswahl, richtige Atmung, richtige Ernährung und positives Denken und Meditieren. (Sivanda Yogazentrum, 2000) Eine der einfachsten Entspannungsübungen ist das Sonnengebet. Der Lehrer sollte gut sichtbar für alle Schüler die Übungen zeigen, auf korrekte Übungsausführung und auf die tiefe Ein- und Ausatmung achten. Die Schüler setzen sich bequem hin oder legen sich auf die Matten. 3 bis 5 Minuten wird (nach Musik) meditiert und tief geatmet. Spürt eure Atmung! (Musik). Danach wird das Sonnengebet ca. 5 bis 7 Minuten wiederholt (siehe Rückseite). Den Abschluss bildet eine ca. 3 bis 5 Minuten dauernde Entspannung mit Atemübung.

1
2
3
4
5
6
7
9 wie 4
10 wie 3
11. wie 2
12
8
DAS SONNENGEBET

Thema: **Lebensgestaltung, der Sinn des Lebens**

2.7 So sehen mich die anderen?!

Ort: Unterrichtsraum
Material: Lose mit Namen der Schüler

Beschreibung: Jeder Schüler bekommt ein Los, auf dem der Name eines Mitschülers steht. Die Aufgabe ist nun, denjenigen pantomimisch darzustellen. Die Klasse soll den Dargestellten erraten. Es müssen aber klare Regeln festgelegt werden, damit es zu keinen Beleidigungen kommt (z. B. keine körperlichen Merkmale, keine einmaligen Episoden; besser: dauerhafte Charakteristika). Auswertungen der Darstellungen sind wichtig, um Probleme (Diskriminierung) zu klären.

Variante: siehe Rückseite

Aufgabe:

Ziehe ein Los aus dem Lostopf mit dem Namen eines deiner Mitschüler. Überlege dir, was diese Person ausmacht und wie du bezeichnende Charakteristika pantomimisch darstellen könntest.
Setze deine Überlegungen vor der Klasse um.

Beachte!
Niemand darf sich beleidigt fühlen. Behandle jeden so, wie du auch selbst behandelt werden möchtest.
Wähle im Zweifel lieber positive Merkmale deines Mitschülers.

Ist er/sie besonders sportlich? Welche Sportart betreibt er/sie am liebsten?
Ist er/sie besonders künstlerisch/musisch begabt?
Hat er/sie eine besondere Art zu gestikulieren?
usw.
(Härtel, 2015, Anhang)

Thema: **Lebensgestaltung, der Sinn des Lebens**

2.8 Agentur für Arbeit

Ort: Unterrichtsraum
Material: Unterlagen zu Bildungswegen

Beschreibung: Die Schüler lesen sich in Zweier- bis Dreiergruppen in einen Berufsweg ein. In Gruppenarbeit stellen sie anschließend Berufsberater und Arbeitsuchende dar. Die Rollen werden getauscht. Bilder und Prospekte helfen den Schülern die Information zu erfassen.

Varianten:

- Kooperation mit Deutsch und Informatik (Bewerbung, Berufswahlpass)
- Besuch einer Agentur für Arbeit und Diskussion mit einem Berufsberater über Bildungsmöglichkeiten nach der Schule
- Teilnahme an der Woche des offenen Unternehmens
- Aufgabenbeispiele siehe Rückseite (Härtel, 2015, Anhang)

Aufgaben:

1. Zieht einen Umschlag mit einer Berufsgruppe.

2. Belest euch mit Hilfe der Materialien in eurer Kleingruppe über das Berufsfeld.

3. Verteilt innerhalb eurer Gruppe die Rollen für ein Beratungsgespräch und stellt ein solches nach.

4. Tauscht die Rollen und wiederholt das Gespräch.

5. Überlege dir, ob diese Berufsgruppe für dich interessant wäre oder nicht. Was findest du gut und was würde dir fehlen oder dich abschrecken? Welche Berufsgruppe wäre für dich interessanter? Begründe deine Entscheidung.

2 Das „Ich“ des Schülers **Klasse: 5-7**

Thema: **Verstehen und Verständigung**

2.9 Nonverbale Kommunikation

Ort: Unterrichtsraum
Material: -

Beschreibung: Die Schüler haben nach einem anspruchsvollen Stunden- oder Tagesverlauf 2 Minuten Zeit, sich eine berühmte Person zu überlegen, die sie nachahmen können. Im Anschluss darf jedes Kind vor die Klasse treten und vollkommen stumm – nur mit Mimik und Gestik – die gedachte Person darstellen. Alle anderen versuchen zu erraten, um wen es sich handelt.

Variante: Jeder Schüler, der eine Person errät, bekommt einen Punkt. Wer am Ende die meisten hat, wird als Meister der nonverbalen Kommunikation gekürt. (Härtel, 2015, Anhang)

Aufgaben:

1. Überlegt euch eine Person, die ihr nur mit Mimik und Gestik so darstellt, dass die anderen erraten können, um wen es sich handelt.

2. Stellt euch vor die Klasse und ahmt eure gedachte Person nach.

3. Bedenkt: Es darf nicht gesprochen werden! Auch andere Geräusche sind nicht gestattet!

4. Wer am Ende die meisten Punkte hat, ist der Sieger.

Thema: **Freundschaft - Liebe - Sexualität**

2.10 Gefühle zeigen

Ort: Unterrichtsraum

Material: Lose (Beispiele siehe Rückseite), evtl. verschiedene Outfits

Beschreibung: Die Schüler ziehen Lose, auf denen eine Situation zum Thema beschrieben ist. In Dreiergruppen werden diese dargestellt. Die Zuschauer überlegen sich den passenden Oberbegriff und notieren ihn. Beispiel: Es wird dargestellt, wie ein Mädchen in der Disko „angebaggert“ wird. Liebe oder Sexualität?
Wenn alle Gruppen gespielt haben, wird gemeinsam ausgewertet und eine Einordnung zu den Oberbegriffen vorgenommen.

Varianten:

- sich entsprechend der Rollen verkleiden, um wirklich in diese zu schlüpfen
- Im Innenstirnkreis stehend stellt ein Schüler pantomimisch ein Gefühl dar. Der Nächste muss das Gefühl immer verstärkt ausdrücken. Benutzt werden hierzu Mimik, Gestik und Laute bis hin zu einzelnen Worten.
- Wenn ich glücklich bin ... (siehe Rückseite)

Wenn ich glücklich bin ...

Die Schüler versuchen zu erspüren: Wie fühlen sich meine Hände/Arme, meine Beine/Knie, mein Kopf/Gesicht und mein Bauch an, wenn ich glücklich bin? Danach Einsatz des Liedes: "Wenn du glücklich bist, dann..." von Gerhard Schöne (Lied auf Youtube)

Beispielthemen für Lose:

- Anerkennung oder Ausgrenzung
- Verliebtheit, Liebe, Zärtlichkeit
- Sieg oder Niederlage im Sport
- Erfolg oder Misserfolg in der Schule
- Angst oder Mut

3 Der Mensch als „Mensch“ **Klasse: 9-10**

Thema: **Toleranz**

3.1 Was ist „normal“?

Ort: Unterrichtsraum

Material: vorbereitete Listen zu Merkmalen, Taschenrechner, Waage, Maßband o. Ä.

Beschreibung: Im Unterrichtsraum werden Listen (siehe Rückseite) ausgelegt, in welche die Schüler Informationen über sich (z. B. genaues Alter, Körpermasse, -höhe usw.) eintragen. Arbeitsgruppen ermitteln den jeweiligen Durchschnitt. So bekommt man einen Eindruck vom Durchschnittsschüler in dieser Klasse, einen „Normalwert“. Wer am wenigsten Abweichung aufweist, scheint „normaler“ als die anderen. Für den ersten Wert wird der ermittelte „Normalwert“ durch einen Stuhl gekennzeichnet und alle Schüler ordnen sich links und rechts entsprechend ihrer Abweichung ein. Nun wird ein anderer der ermittelten Werte als Maßstab verwendet und die Reihenfolge ändert sich. So kann man den Schülern verdeutlichen, dass es noch unzählige weitere Aspekte gibt, unter denen sich Menschen betrachten und einordnen lassen.

Variante: Ergebnisse von Statistiken heranziehen und Abweichungen zur Klasse aufzeigen

Beispiel für mögliche Liste:

Geschlecht	**Körpergröße**	**Körpermasse**	**Haarfarbe**	**Alter** (Jahre, Tage)	**Weiteres**

Beispiele für potentielle Aussagen:

Das durchschnittliche Mädchen dieser Klasse ist ……. groß.
Der durchschnittliche Junge dieser Klasse wiegt .... kg.
Der durchschnittliche Schüler dieser Klasse ist ... Jahre und ... Tage alt.
(Härtel, 2015, Anhang)

3 Der Mensch als „Mensch“ Klasse: 5-8

Thema: **Toleranz**

3.2 Spiele aus aller Welt

Ort: Unterrichtsraum, Schulgelände
Material: entsprechend der Spiele

Beschreibung: Ausländische Schüler in der Klasse stellen Bewegungsspiele aus ihrer Heimat vor (siehe Rückseite). Ist diese Möglichkeit nicht gegeben, sollen sich die Schüler bei ausländischen Kindern im Wohngebiet, in anderen Klassen, in der Schule und evtl. in der Literatur (Lukácsy 1983 u. a.) über Bewegungsspiele oder Varianten von Spielen erkundigen und diese mit der Klasse durchführen.

Varianten: **Algerien:** *Ballabschießen*
Zwei Mannschaften nehmen in 4 bis 5 m Entfernung Aufstellung. Ein Spielleiter steht dazwischen und wirft einer Mannschaft den Ball zu. Wer ihn fängt, versucht einen Gegenspieler abzuwerfen. Gelingt es, hat er einen Gefangenen erbeutet und bekommt zwei Würfe frei. Nach zwei Schüssen erhält die gegnerische Mannschaft den Ball. Fängt ein Spieler den Ball, so hat seine Mannschaft drei Würfe frei.

Russland: *Tritt nicht in den Kreis*
Etwa zehn Schüler gehen mit Handfassung um einen Kreis ohne hinein zutreten. Auf ein Zeichen des Spielleiters versuchen sie sich gegenseitig in den Kreis zu ziehen.

Balkanländer: *Nawlatschkape – Pelzmütze auf Pelzmütze*
Aus drei Blechdosen (eigentlich aus Pelzmützen) wird ein Turm gebaut. Etwa acht Schüler bilden darum einen Kreis. Sie ziehen sich in einer Richtung ringsherum und versuchen, dass einer den Turm berührt, so dass er einstürzt.

Balkanländer: *Kamena s ramena – Steinstoß aus der Schulter*
Der Stein wird ähnlich dem Kugelstoßen von der Schulter aus gestoßen (aus dem Stand oder mit Anlauf). Wer kommt am weitesten?

Türkei: *Anja Manja – Haltet den Dieb!*
Ein Spieler, der „Ebe", dreht sich mit dem Gesicht zur Wand. Die Mitspieler schleichen sich behutsam an. Dreht sich der „Ebe" um, müssen alle verharren. Ertappt er einen Mitspieler in Bewegung, werden die Rollen gewechselt.

Türkei: *Kuka – Spindel*
In einem Kreis steht eine leere Konservendose und ein Fänger („Ebe"). Von einer etwa 15 m entfernten Linie werfen die Mitspieler mit flachen Steinen auf die Konservendose. Wird die Dose nicht getroffen, kann der Spieler nach seinem Stein laufen, er hebt ihn auf und läuft zurück. Gelingt es dem „Ebe" ihn dabei zu fangen, tauschen sie die Rollen. Der Spieler muss aber nicht werfen, er kann auf die nächsten Werfer warten, so dass mehrere gleichzeitig laufen. Steht er mit seinem Fuß auf dem Stein, dann ist er „zick".
(Lukácsy, 1983)

3 Der Mensch als „Mensch“ Klasse: 6-8

Thema: **Toleranz**

3.3 Deutsch – ausländisch – international?

Ort: Unterrichtsraum
Material: Wortkarten für jede Gruppe (Beispiele s. Rückseite)

Beschreibung: Die Aufgabe besteht darin, in Gruppenarbeit die Wortkarten einzusortieren. Dafür kennzeichnet sich jede Gruppe auf einem Tisch drei Spalten (DEUTSCH, AUSLÄNDISCH, INTERNATIONAL).
Es wird relativ schnell klar, dass fast alle Wortkarten als international gelten können. Im Klassenverband sollte anschließend erörtert werden, dass jeder Mensch und jede Entwicklung durch Globalisierung in der ganzen Welt verbreitet wird und dem Fortschritt dient.

Varianten:

- einen in Deutschland fremden Menschen einladen
- die Begriffe können an der Tafel skizziert werden
- einen Spot drehen, z. B. zu DAZ-Klassen und ihre Bedürfnisse und Nöte im Schulalltag, dafür Unterstützung von externen Partnern suchen (Schmidt, 2016)

Beispiele für Wortkarten

- Medizin
- Mathematik
- schlechte Laune
- Glatzen
- Urlaub in Mallorca
- Döner, Kebab
- Ferienarbeit
- Menschen mit Migrationshintergrund
- Schulreise
- China-Restaurant
- Montagearbeiter

3 Der Mensch als „Mensch“ Klasse: 6-10/12

Thema: **Toleranz**

3.4 Menschen mit Migrationshintergrund

Ort: Unterrichtsraum
Material: A3-Blätter

Beschreibung: Auf ausliegenden A3-Blättern zu bestimmten Spannungsfeldern des Zusammenlebens von Menschen mit Migrationshintergrund in der Gesellschaft (Angst um Arbeitsplatz, Bereitschaft zur Gewalt, Erledigung anstrengender und schmutziger Arbeiten, Essen in Gaststätten von Mitmenschen aus anderen Kulturen, Einkaufen in entsprechenden Geschäften usw.) kann jeder seine Pro- (rot) und Kontrameinung (blau) niederschreiben. In Gruppenarbeit werden diese Positionen diskutiert und das Ergebnis in zusammengefasster Form allen vorgestellt.

Varianten:

- In Gruppen werden Collagen mit allen Meinungen mittels Schlagwörter dargestellt und der Klasse präsentiert.
- Aufgabenbeispiele siehe Rückseite (Härtel, 2015, Anhang)

Aufgaben:

1. Überlege dir, welche Vorurteile du im Bezug auf Menschen mit Migrationshintergrund gehört hast und schreibe sie auf.

2. Positioniere dich zu den Vorurteilen, indem du deine Meinung dazu schreibst. Verwende die Farbe Blau, wenn du der Aussage eher kritisch gegenüber stehst und Rot, wenn du der Meinung bist, dass es stimmt.

3. Du kannst natürlich auch mehrere Punkte dazu schreiben.

4. Am Ende besprechen wir die Ergebnisse und klären evtl. Fragen.

3 Der Mensch als „Mensch“ Klasse: 9-10/12

Thema: **Leben und Tod**

3.5 Trauer auf verschiedenen Wegen

Ort: Unterrichtsraum
Material: Publikationen, Informationsmaterialien, Schere und Klebestift

Beschreibung: Im Unterrichtsraum verteilt liegen Informationsmaterialien über den Umgang mit dem Tod in verschiedenen Kulturen (siehe Rückseite). Die Schüler entwerfen in Arbeitsgruppen eine Informationstafel und präsentieren diese ihren Mitschülern. In der folgenden Sitzung wird die Arbeit ausgewertet und besprochen.

Variante: Andere Themen können auch auf diesem Weg bearbeitet werden.

Beispiel:

Judentum:
Es hat eine große Ehrfurcht vor der Totenruhe und der Unversehrtheit der Toten und verbietet jede Autopsie. Wegen der „Rückkehr zur Erde“, aus welcher der Mensch stammt, kennt das Judentum auch keine andere als die Erdbestattung. Traditionell findet das Begräbnis noch am Todestag oder am Tag danach statt. Beim Begräbnis reißen die Hinterbliebenen zum Zeichen der Trauer ein Kleidungsstück ein und beten das „Kaddisch“, ein aramäisches Gebet, das vor allem als Bitte für das Heil der Verstorbenen gesprochen wird. Statt Blumen werden Steine am Grab niedergelegt.

Buddhismus:
Anders als im Christentum gibt es im Buddhismus keinen Richter nach dem Tod, der dem Menschen Himmel oder Hölle zudiktiert; es sind vielmehr seine eigenen Taten, die in eine neue Existenz hineinführen, sei es als Mensch, als Gott, sei es als Tier, Hungergeist oder gequälter Höllenbewohner. Wer Gutes in seinem Leben getan hat, darf mit einer angenehmen oder vorteilhaften Verkörperung rechnen. Irgendwann einmal freilich ist das schlechteste Karma, die größte Untat erschöpft und abgegolten. Dasselbe gilt natürlich auch für gute Taten. Dies ist ein Prozess, der eigentlich unendlich ist, einer Existenzform folgt die nächste.
(Schwoerbel et al., 1995, S. 187)

Thema: **Glück**

3.6 Was ist Glück?

Ort: Unterrichtsraum, Schulhaus
Material: evtl. Diktiergerät

Beschreibung: Die eine Hälfte der Klasse spielt „Reporter" und befragt die anderen Mitschüler als „Passanten auf der Straße" nach deren Vorstellungen vom Glück. Sie stellen die Frage: „Was ist für Sie Glück?" und notieren sich stichpunktartig die Antworten.
Rollenwechsel.
Abschließend stellt jeder entsprechend seiner Interviewergebnisse eine Rangfolge auf, die in Gruppen oder in der Klasse diskutiert wird.

Varianten: Die „Reporter" können auch eine Befragung zu folgenden Themen durchführen:

- Freizeitverhalten, Verantwortung für Umwelt, Recht und Gerechtigkeit
- Berufsvorstellungen,
- Bewertung moderner wissenschaftlich-technischer Entwicklungen
- Befragung außerhalb der Schule durchführen (Familie, Verwandte, evtl. Passanten

Weitere Varianten:

Varianten:

- Stationenlernen zum Thema Glück (siehe Arbeitsblatt 4, Schmidt, 2016)
  Die Schüler tauschen an den jeweiligen Stationen ihre Gedanken aus und notieren Wesentliches.
- In Kleingruppen schreibt jeder Schüler eine Glückserwartung an Lysis auf. Er faltet den Brief und gibt ihn an den nächsten Schüler weiter. Dieser schreibt dann seine Gedanken auf. Am Schluss werden die Briefe vorgetragen.
- In Kleingruppen werden Beispiele zusammengestellt für:
  Das kleine Glück – Das große Glück – Das geteilte Glück
- Eine ähnliche Arbeitsweise ist auch zum Thema „Gefühle" passend.
  (Schmidt, 2016)

3 Der Mensch als „Mensch“

Klasse: 6-10

Thema: **Glück**

3.7 Arten des Glücks

Ort: Unterrichtsraum, Schulhaus
Material: Notizzettel

Beschreibung: Jeder Schüler bekommt einen kleinen Zettel, auf dem er sein größtes Glück aufschreiben soll. Die Zettel werden im Anschluss in die Mitte des Zimmers gelegt und gemischt. Daraufhin nimmt sich jeder Schüler einen Zettel und ordnet diesen den verschiedenen Kategorien des Glücks (Glück durch Nutzen, Glück durch Lust, Glück durch Wohlwollen – die drei Arten der Freundschaft nach Aristoteles) zu, die an bestimmten Stellen im Raum gekennzeichnet sind. Abschließend wird über das Ergebnis gemeinsam gesprochen.

Arten des Glücks (nach Aristoteles)	Erläuterungen
Glück durch Nutzen	bringt Menschen zu einem bestimmten Zweck zusammen; ist labil und akzidentiell
Glück durch Lust	rein affektiv begründet; ebenfalls sowohl auf Zufall beruhend als auch zu Schwankungen neigend
Glück durch Wohlwollen (Tugenfreundschaft)	vollkommene Freundschaft, um des Freundes Willen; ist stabil

(Härtel, 2015, Anhang)

3 Der Mensch als „Mensch“ Klasse: 7-10/12

Thema: **Rolle der Geschlechter**

3.8 Sie ist er – er ist sie

Ort: Unterrichtsraum

Material: –

Beschreibung: Die Mädchen stellen typische Verhaltensweisen bzw. Arbeiten von Männern pantomimisch dar und die Jungen von Frauen. Jeder Schüler denkt sich ein Beispiel aus. Im Anschluss daran wird diskutiert, warum der- oder diejenige genau jene Situation dargestellt hat, warum dies möglicherweise bei allen gleich ist und ob diese Rolle des Geschlechts positiv oder gar negativ auf das andere Geschlecht wirkt.

Variante: Die Schüler spielen Rollen ihrer Eltern nach und leiten daraus Rollen der Geschlechter ab.

Ausgewähltes Beispiel:

„Typische" Verhaltensweise
Rhythmische Sportgymnastik

Warum wurde genau das dargestellt?
Reine Frauensportart, von Männern außerhalb offizieller Wettkämpfe aber durchführbar

Wirkung auf das andere Geschlecht?
Diskussionsthema – erwartungsgemäß eher positiv: elegant, hohes Maß an Körperbeherrschung

Weitere Beispiele: Ballett, Boxen
(Härtel, 2015, Anhang)

3 Der Mensch als „Mensch“ **Klasse: 7-10/12**

Thema: **Medien – ein Spiegel der Wirklichkeit**

3.9 Gestalten eigener Medienbeiträge

Ort: Unterrichtsraum

Material: Papier in verschiedenen Größen, farbige Stifte, Scheren, Leim, Quellen (einschließlich Internet), Zeitungen, evtl. Kamera und Monitor (TV-Gerät), TV-Gerät aus Pappe (Aufsteller), Mikrofon (ggf. auch aus Pappe) u. Ä.

Beschreibung: Die Schüler beschäftigen sich in Kleingruppen mit den verschiedenen Varianten der Nachrichtenpräsentation. Ein einheitliches Thema wird von jeder Gruppe in einem anderen Stil gestaltet. Die Ergebnisse werden vor der Klasse präsentiert. Abschließend wird diskutiert, warum die gleiche Nachricht so verschieden dargestellt werden kann und wird. (Härtel, 2015, Anhang)

Variante: mögliche Arbeitsschritte siehe Rückseite

Mögliche Arbeitsschritte:

Schritt 1: Die Gruppen nehmen sich Arbeitsmaterial, um sich mit den diversen Methoden der Nachrichtenpräsentationen zu beschäftigen. Dazu gehören:

- Zeitungen, Zeitschriften
- TV-Nachrichten (in verschiedenen Formen)
- Radio
- evtl. Satire
- Facebook (social networks)

Schritt 2: Der Lehrer gibt ein einheitliches Thema an, welches jede Gruppe in den folgenden Schritten bearbeitet, z. B.: Fußballweltmeisterschaft, Nachkommen im Königshaus, G7-Gipfel, etc.

Schritt 3: Die Gruppen ziehen Lose, welche festlegen, in welchem Informationsstil sie das Thema präsentieren.

Schritt 4: Die Gruppen bearbeiten das Thema ihrem Nachrichtenstil entsprechend.

Schritt 5: Alle Gruppen präsentieren ihre Ergebnisse vor der Klasse. (Härtel, 2015, Anhang)

3 Der Mensch als „Mensch“ Klasse: 7-10/12

Thema: **Medien - ein Spiegel der Wirklichkeit**

3.10 Kennen der Manipulation durch Medien

Ort: Unterrichtsraum/Schulhaus/Schulhof

Material: Papier für Zeitungen, Videokameras (ggf. Smartphones), Kameras (ggf. Smartphones), Filmschnittprogramm, TV-Gerät oder Beamer, PC/Laptop

Beschreibung: Die Schüler fertigen in Gruppen eine Zeitung und einen Film an, welche die Schule als besonders schön oder besonders unattraktiv (baufällig) darstellen. Dabei dürfen die Schüler nichts verändern oder inszenieren, sondern müssen das nutzen und versuchen darzustellen, was sie sehen. Am Ende wird präsentiert und verglichen, was die entscheidenden Stilmittel sind und an welchen Stellen die Schüler vielleicht schon ähnliche Erfahrungen gemacht haben. (Härtel, 2015, Anhang)

Varianten: Alternativ können auch andere Sachverhalte verschiedenartig dargestellt werden, wie z. B. ein anderes Gebäude in der Nähe oder die Heimatstadt

Mögliche Arbeitsschritte:

Schritt 1: Die Klasse verteilt sich in eine gerade Anzahl an Gruppen – je nach Klassengröße 2 oder 4 Gruppen. Alle Gruppen haben unterschiedliche Aufträge, das Schulhaus/-gelände darzustellen. Beispiele:

Gruppe I fertigt eine Zeitung (oder beschriftete Bilderreihe) an, die das Schulgelände besonders schön darstellt.

Gruppe II fertigt eine Zeitung (oder beschriftete Bilderreihe) an, die das Schulgelände besonders trist/baufällig darstellt.

Gruppe III fertigt einen Film an, der wiederum das Gelände besonders gut in Szene setzt.

Gruppe IV fertigt einen Film an, der sich auf die maroden Ecken des Geländes konzentriert.

Schritt 2: Die Arbeitsergebnisse werden vorgestellt.

Schritt 3: Einleitung einer Diskussionsrunde über die verschiedenen genutzten Stilelemente, welche gleiche Sachverhalte völlig verschieden darstellen. Auch sollte es an der Stelle die Möglichkeit geben, die Schüler über eigene Erfahrungen berichten zu lassen.
(Härtel, 2015, Anhang)

.4 Mensch und Natur

Klasse: 5-8

Thema: **Umweltprobleme**

4.1 Was passiert nach der Müllabfuhr?

Ort: Recyclingfirma
Material: Notizzettel

Beschreibung: Die Schüler beobachten vorbereitend zuhause ihre Müllentsorgungsgewohnheiten und notieren in eine Tabelle (siehe Arbeitsblatt 1, Härtel,2015), was sie in welche Tonne stecken. Bei einem Unterrichtsgang zu einer Recyclingfirma (wenn möglich) informieren sie sich ausgiebig über die Mülltrennung. Vorbereitend soll sich jeder Schüler eine Frage ausdenken, die er den Angestellten dort stellt.

Varianten:

- fachübergreifend arbeiten (Chemie: Wiederaufbereitung von Stoffen u. a.)
- Bezug zu anderen Projekten herstellen wie „Gib Abfall einen Korb" oder Aktion „Saubere Stadt" (siehe Rückseite)

Beispiele für Bezug zu anderen Projekten:
(Schmidt, 2016)

Gib Abfall einen Korb
Bundesweite Schulprojekt zum Thema Abfall)
Zugriff am 16. Juni 2016 unter
http://www.verbraucherbildung.de/materialkompass/material-der-woche/gib-abfall-einen-korb

Saubere Stadt
Akteure, in Zusammenarbeit mit Jugendparlament, THW und Schulen, für eine saubere Stadt
Zugriff am 16. Juni 2016 unter
http://www.sz-online.de/nachrichten/fuer-eine-saubere-stadt-3374431.html

4 Mensch und Natur

Klasse: 5-8

Thema: **Umweltprobleme**

4.2 Ich bin Umweltberater

Ort: Unterrichtsraum, Schulhaus
Material: Bildmaterial u. a.

Beschreibung: Möglichst anschließend an einen Unterrichtsgang spielen die Schüler in Kleingruppen kurze Szenen. Mit Stichwortzetteln sind etwa fünf Schüler zu angesprochenen Umweltproblemen vorbereitet. Sie führen als ein für Umweltfragen verantwortlicher Politiker (oder ein Umweltschützer) die Vertreter des Gemeinderates o. Ä. durch einen konkreten Naturraum der Umgebung. Umweltprobleme werden erklärt und Lösungen aufgezeigt. Die „Gemeindevertreter" diskutieren Pro und Kontra von einzuleitenden Maßnahmen.

Varianten: (siehe Rückseite)

Varianten:

- Zeitungsartikel einbeziehen
- in Verbindung mit Geografie: Problematisierung anthropogener Veränderungen (Bergbau, Müllhalden, Industriegase, Straßenverkehr u. a.)
- eine Talkshow gestalten (siehe unten)

Talkshow:

Die Schüler bereiten eine Talkshow vor. Ein Thema muss gewählt werden, über das die Kandidaten und der Moderator diskutieren können (z. B. Katalysator – ja oder nein?). Es sollte ein Bühnenbild gestaltet werden. Mit Kameras wird alles aufgezeichnet und anschließend ausgewertet. Der Fantasie sind bei der Gestaltung und Durchführung keine Grenzen gesetzt.

Thema: **Umweltprobleme**

4.3 Fahrt ins Grüne

Ort: Wiese o. Ä. mit Blick auf Industrieanlagen (Industriegebiet)
Material: Fahrräder, Decken

Beschreibung: Die gesamte Klasse fährt von der Schule mit dem Fahrrad zu einer Wiese, von der man Industrieanlagen oder ein Industriegebiet sehen kann. Die Schüler sollen gezielt auf den Unterschied (Fahrt auf der Straße vs. Fahrt im Grünen) achten. Auf der Wiese angekommen, setzen sie sich auf die Decken. In dieser Runde tauschen sich alle darüber aus, dass der Mensch ein Teil der Natur ist, wie das zum Ausdruck kommt und wie er durch seine Handlungen die Natur zu seinem Nutzen verändert. Weiterführende Diskussionen über die Konsequenzen des Handelns können berücksichtigt werden.

Varianten:

- mit Wandertag oder Exkursion verbinden
- eine Wiese/eine Park- oder Waldfläche mehrmals im Jahr besuchen und die Veränderungen in den Jahreszeiten beobachten
- Natur mit allen Sinnen erkunden (Möglichkeiten siehe Müller & Petzold, 2014, S. 116-118)

Aufgaben:

Sucht in Bibliotheken, örtlichen Touristeninformationen, im Internet oder im Gespräch mit ortskundigen Anwohnern nach Informationen, wie die Landschaft ausgesehen hat, bevor an diesem Ort die Industrie angesiedelt wurde.

Kennt ihr Orte, an denen sich der Vorgang gegensätzlich gestaltet?
Wo holt sich die Natur ihren Raum zurück?

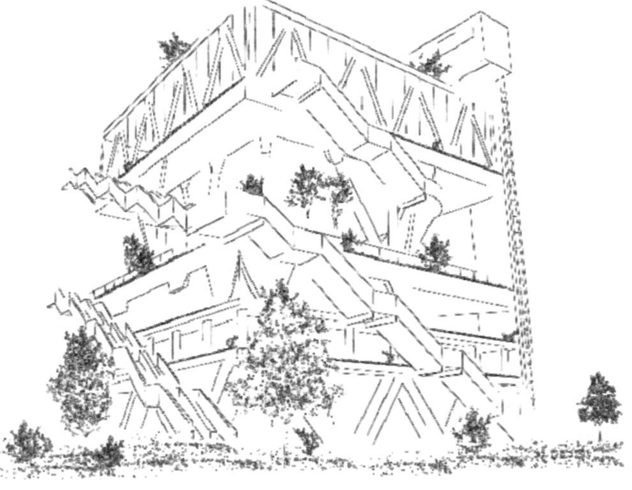

4 Mensch und Natur

Klasse: 5-7

Thema: **Umweltprobleme**

4.4 Ecken-Gespräch

Ort: Unterrichtsraum

Material: Gegenstände, Bilder oder Satzkarten, auf denen Tiere, Pflanzen, Parks dargestellt sind, oder auch (getrocknete) Naturmaterialien

Beschreibung: In den vier Ecken des Raumes liegen passende Gegenstände, Bilder oder Sätze zum Thema Schönheit der Natur. Je nach Vorkommen könnten die Ecken als Tierecke, Pflanzenecke, Parkecke und Zooecke gestaltet sein. Zuerst schauen sich die Schüler die Gegenstände an und entscheiden dann, in welche Ecke sie gehen. Dort sollen sie sich gemeinsam über die Gegenstände und Bilder unterhalten und die eigenen Erfahrungen mit einbringen. Ein Schüler der Gruppe berichtet anschließend über die Ergebnisse seiner Gesprächsecke.

Varianten: siehe Rückseite

Varianten:

- Ergebnisse in kleinen Pantomimenstücken darstellen
- Pro-und Kontradiskussionen zum Naturschutz durchführen
- Naturbilder gestalten

Inhalte und Beispiele für Materialien zum Ecken-Gespräch

Bei diesem Gespräch bietet es sich an, die Natur und die eigene Umgebung näher kennen zu lernen. Denn – was ein Mensch kennt und mag, das schützt er auch. An jedem Ort gibt es verschiedene typische Pflanzen oder Tiere. In einigen Gegenden gibt es besonders viele Berge oder Seen, in anderen viele Wälder oder Parks, welche die Umgebung prägen.

Leipzig ist schön!

1. Ecke: Tierecke	Satzkarte: „Im Clara-Park kann man die Eichhörnchen mit der Hand füttern“. Haselnüsse, Bilder mit Krähen oder Spatzen, Entenfutter ...
2. Ecke: Pflanzenecke	Bärlauch, Lindenbäume ...
3. Ecke: Parkecke	Bilder vom Wildpark, Picknickdecke, Satzkarte: „Leipzig hat viele Parks und Wälder, da kann man wunderschön in der Natur spielen.“ ...
4. Ecke: Zooecke	Los/Prospekt/Eintrittskarte vom Leipziger Zoo, Plüschtiger, Elefantenfigur, Bananen (für die Affen) ...

4 Mensch und Natur

Klasse: 5-7

Thema: **Umweltprobleme**

4.5 Parkplatz kontra Straßenbäume

Ort: Unterrichtsraum

Material: Infokarten mit unterschiedlichen Standpunkten

Beschreibung: Die Schüler diskutieren zunächst die Situation Parkplatz contra Straßenbäume in ihrer Umgebung, auf dem Schulweg, vor der Schule oder in der Innenstadt. In Kleingruppen werden verschiedene Rollen verteilt, z. B. der Autofahrer, der Stadtbaumeister, die Frau mit drei Kindern, der Radfahrer, der Ladenbesitzer oder das ältere Ehepaar. Deren Standpunkte sind zur Orientierung auf Infokarten notiert. In einem Plenum stellt ein Moderator die einzelnen Rollen vor und leitet das Streitgespräch. Am Ende des Streitgesprächs sollten die Schüler zu einer Lösung oder einem Kompromiss kommen.

Variante: Beispielstandpunkte siehe Rückseite

Standpunkte:

Autofahrer:	Ein Parkplatz in der Stadt ist mehr wert als ein Baum.
Stadtbaumeister:	Umso mehr Bäume, umso besser die Stadtluft.
Mutter und Kinder:	Wenn ich für meine drei Kinder einkaufe, brauche ich einen Parkplatz, damit ich das viele Essen nicht so weit tragen muss.
Radfahrer:	Fahrt lieber Fahrrad – das schont die Umwelt und man braucht keinen Parkplatz!
Ladenbesitzer:	Wenn ich keinen Parkplatz für meine Kunden habe, sondern einen Baum, verkaufe ich nichts. Wie soll ich so Geld verdienen?
älteres Ehepaar:	Uns ist es egal, wir fahren nicht mehr Auto, sondern Bahn.

4 Mensch und Natur

Klasse: 5-7

Thema: **Umweltprobleme**

4.6 Wie gehst du mit Wasser um?

Ort: Unterrichtsraum
Material: Fragekarten zum Thema

Beschreibung: Alle Schüler bilden einen Kreis. In der Mitte liegen Fragekarten. Ein Schüler nimmt eine Karte auf, umkreist die Gruppe (verschiedene Bewegungsformen möglich), bleibt vor einem Mitschüler stehen und liest seine Frage vor. Der gefragte Schüler antwortet aus seiner Sicht, wie er mit Wasser umgeht.

Varianten:

- Die anderen Schüler können ergänzen.
- Nach der Beantwortung sollte der Lehrer Hinweise geben, wie sparsamer mit Wasser umgegangen werden kann.
- Das Wasser muss unbedingt in der Natur erlebt werden.

Fragen könnten sein:

- Wie oft duschst du?
- Findest du, dass du mit Wasser sparsam umgehst?
- Habt ihr eine Regentonne?
- Was passiert mit eurem Abwasser?
- Wie hoch schätzt du deinen täglichen Wasserverbrauch?
- Welche Möglichkeiten kennst du zum Sparen von Wasser?
- Gibt es in eurer Wohnung Einrichtungen zum Sparen von Wasser?

4 Mensch und Natur

Klasse: 5-7

Thema: **Umweltprobleme**

4.7 Nahrungskette

Ort: Unterrichtsraum
Material: Wollknäuel

Beschreibung: Jeder Schüler versetzt sich in ein Lebewesen in einem überschaubaren Lebensraum. Die Schüler bilden einen Kreis und stellen ihre Rolle in der Kreismitte vor, indem sie ein paar typische Merkmale oder Besonderheiten erzählen. Ein Schüler bekommt einen Wollknäuel und leitet die Vernetzung ein. Er nennt seine Rolle und verdeutlicht durch das Zuwerfen des Wollknäuels zu einem anderen Lebewesen die Verbindung. Beispielsweise lassen sich im Lebensraum Baum Blattläuse - Insekten - Spinnen - Vögel in eine Nahrungskette setzen. Die Schüler halten die Schnur stets fest, so dass schließlich alle durch die Schnur verbunden sind.

Variante: Mögliche Gefährdungen im Lebensraum sollen diskutiert und gespielt werden.

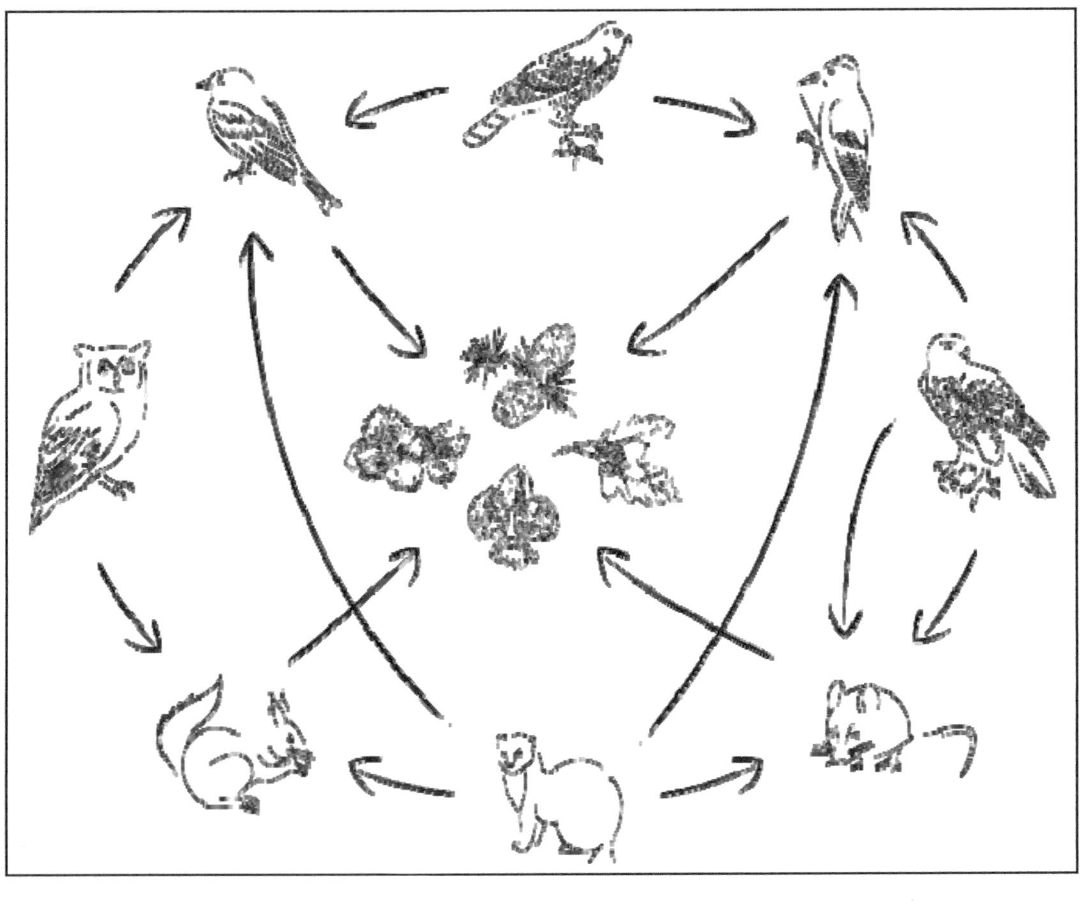

4 Mensch und Natur

Klasse: 5-8

Thema: **Tierhaltung**

4.8 Wie hält man ein Schwein?

Ort: Unterrichtsraum

Material: rote, orange, gelbe Karten mit Grundsätzen artgerechter Tierhaltung
braune und graue Karten mit den Grundsätzen der nichtartgerechten Tierhaltung

Beschreibung: Im Unterrichtsraum sind zwei „Ställe“ aufgebaut, als Abgrenzung können Stühle dienen. In den Ställen sind Informationskarten ausgelegt. Der eine „Stall“ ist gemütlich, geräumig und hell. Die Karten haben freundliche Farben, auf denen die Grundsätze der artgerechten Tierhaltung stehen. Der andere „Stall“ ist ungemütlich und eng. Karten geben die Anzeichen einer nichtartgerechten Tierhaltung wieder. Die Schüler kriechen nacheinander in die Ställe und versuchen, sich so viele Grundsätze wie möglich zu merken. An ihrem Platz angekommen, notieren sie diese.

Um in diese Art der Informationsaufnahme zusätzlich emotionale Erfahrungen einfließen zu lassen, kann eine Geschichte zu den jeweiligen Ställen erzählt werden.

Gudrun´s Stall (artgerechte Tierhaltung)
Hier ist Gudrun aufgewachsen. Sie kam mit ihren sechs Geschwistern in einem mit Stroh ausgelegten Stall zur Welt. Sie wurde drei Monate von ihrer Mutter gesäugt und fraß später frisches, grünes Gras. Am liebsten suhlte sie sich bei Sonnenschein in einem Schlammloch. Sie war rundum glücklich.

Der Stall von 2/18 (nichtartgerechte Tierhaltung)
Die Mutter wurde schon eine Woche vor der Geburt von 2/18 und seinen Geschwistern in einen speziellen Pferch gebracht und angegurtet. Es gibt kein Stroh, sondern nur einen Gitterrost als Boden. Damit sich die kleinen Ferkel nicht gegenseitig aus Angst und Stress wehtun, werden ihnen die Eckzähne und die Schwanzspitze abgezwackt. In nur sechs Monaten hat sich 2/18 im Maststall schlachtreif gefressen.

4 Mensch und Natur

Klasse: 5-8

Thema: **Tierhaltung**

4.9 Artgerechte Tierhaltung

Ort: Unterrichtsraum, Schulhaus
Material: –

Beschreibung: In Kleingruppen stellt jeweils ein Schüler eine Situation zur nichtartgerechten oder zur artgerechten Tierhaltung dar. Die anderen ahmen die Bewegungen nach und versuchen die Situation zu deuten. Bei einer negativen Bewertung durch die Schüler spielen sie pantomimisch eine positive Lösungsvariante.

Varianten:

- Besuch in Zootierhandlung
- Zoologe einladen und über Probleme der Tierhaltung diskutieren
- Besuch eines Bauernhofes
- Aufgabenbeispiele siehe Rückseite (Härtel, 2015, Anhang)

Aufgaben:

1. Überlege dir anhand deines gesammelten Vorwissens, wie Tiere entweder artgerecht oder nicht-artgerecht gehalten werden.
   Konzentriere dich auf eines der Tiere und ahme pantomimisch die (nicht-)artgerechte Haltung nach.

2. Die Gruppe muss nun darauf kommen, um welches Tier es sich handelt und spezifische Merkmales der gezeigten Haltungsform nennen.

3. Handelt es sich um eine nicht-artgerechte Haltung, dann überlegt, wie dieses Tier artgerechter gehalten werden sollte.

4 Mensch und Natur **Klasse: 7-10**

Thema: **Tierhaltung**

4.10 Tierversuche

Ort: Unterrichtsraum
Material: Notizzettel

Beschreibung: Die Schüler schreiben auf Einzelblätter ihre Meinung zum Pro und Kontra von Tierversuchen auf. Die Kontrapositionen werden mit der „schwächeren" Hand geschrieben, so dass schon am Schriftbild ein deutlicher Unterschied zu erkennen ist. Anschließend werden die Promeinungen in der einen Zimmerhälfte, die Kontrameinungen in der anderen ausgelegt. Die Meinungen werden gemeinsam diskutiert.

Varianten:

- Notizzettel auf einer Meinungslinie auslegen
- Informationen zu Institutionen, die mit Tierversuchen arbeiten, einholen
- Meinungsumfrage/Interview durchführen
- Aufgabenbeispiele siehe Rückseite (Härtel, 2015, Anhang)

Aufgaben:

1. Formuliere Pro- und Kontra Argumente im Bezug auf Tierversuche.

2. Ordne diese entsprechend deiner eigenen Meinung.
   Schreibe die Argumente dagegen mit deiner „schwachen Hand“ auf die eine Seite und die Argumente dafür mit der „starken Hand“ auf die andere Seite.

3. Im Anschluss verteilen wir die gesammelten Meinungen im Zimmer und besprechen die jeweilige Zuordnung.

5 Begegnung mit Kulturen

Klasse: 5-6

Thema: **Jahreskreis**

5.1 Feiertage

Ort: Unterrichtsraum
Material: Karten, Kreide

Beschreibung: Die Schüler skizzieren innerhalb kürzester Zeit je eine Glückwunschkarte zu einem Feiertag im christlichen Kulturkreis. In Gruppenarbeit wird ein Jahreskreis auf den Boden gemalt und die Karten darin platziert. Abschließend werden Ursprung und Bedeutung der Feiertage besprochen.

Varianten:

- Feiertage und Feste im jüdischen und islamischen Kulturkreis in ähnlicher Weise einordnen
- typisches Gericht gemeinsam kreieren

Erläuterungen zum Neujahrsfest

Das Datum des Neujahrsfestes - das oft mehrere Tage gefeiert wird - beruht auf der jeweiligen Kalenderrechnung: entweder nach dem Sonnenlauf (z. B. Gregorianischer Kalender) oder wie in Ostasien nach dem Lunisolarjahr.
Obwohl schon in der Antike die unterschiedlichen und teilweise beweglichen Termine als störend empfunden wurden, hat dies die Hochschätzung des Neujahrsfestes nicht beeinträchtigt. Trotz der sogar verschiedenen Jahreslänge behielt der Übergang von einer alten zu einer neuen Zeitperiode seine Symbolik, je nach zugrundeliegender Weltanschauung: Für die Einbindung in den Kosmos und seine vermutete Ewigkeit, als Sinnbild der wiederkehrenden Sonne, für Fruchtbarkeit und gute Ernte, für Tod und die Folgen der Generationen, für die Sehnsucht nach künftigem Glück, für Geborgenheit in Gott, für religiöse Neuschöpfung oder periodische Wiedergeburt, und allgemein für die Verlässlichkeit der Jahreszeiten und ihrer Besonderheiten.
(Härtel, 2015, Anhang, in Anlehnung an: Zugriff am 14. Juni 2016 unter
https://de.wikipedia.org/wiki/Neujahrsfest)

Thema: **Christentum**

5.2 Puzzeln

Ort: Unterrichtsraum
Material: große Bilder christlicher Symbole in Teile zerschnitten

Beschreibung: In Gruppenarbeit werden bereit liegende Puzzleteile mit Bildnissen christlicher Symbole (Beispiele s. Rückseite) auf dem Boden zusammengefügt. Anschließend wird in der Gruppe über die religiöse Bedeutung des Symbols gesprochen und dies aufgeschrieben. Nach einer gewissen Zeit stellen alle Gruppen ihr Symbol und seine Bedeutung vor. Wenn nötig, können die anderen Schüler oder auch die Lehrkraft ergänzen.

Varianten:

- Weitere christliche Symbole: Altar, Kruzifix, Kanzel, Glockenturm, Taufbecken u. a.
- Auch Symbole anderer Religionen (Islam, Judentum, Buddhismus) können den Schülern auf diesem Weg näher gebracht werden.

A Ω

Thema: **Christentum**

5.3 Kirchenrundgang

Ort: Kirche

Material: kirchliche Gegenstände (Kleinformat oder Abbildung), Klebezettel

Beschreibung: Die Schüler nehmen aus einem Korb eine Abbildung oder einen Gegenstand (s. o.). Sie bekommen 20 Minuten Zeit diesen Gegenstand zu suchen und dabei die Kirche zu erkunden. Wenn ihnen etwas unklar ist, bringen sie an dieser Stelle einen Klebezettel an. Anschließend teilen sie den anderen Schülern mit, wo sie ihren Gegenstand gefunden haben. Die Bedeutung wird erklärt. Zum Abschluss findet ein Kirchenrundgang statt und die Fragen werden beantwortet.

Varianten:

- einen Vertreter der Kirche einladen
- Rolle der Kirche im Alltag der Menschen (eigene Erfahrungen) besprechen
- evangelische und katholische Kirchen vergleichen
- in ähnlicher Weise kann bei anderen Besichtigungen gearbeitet werden

Mögliche Gegenstände, die von den Schülern gesucht werden könnten:

• Altar	• Tabernakel
• Lesepult (Ambo)	• Marienfigur
• Taufstein	• Opferstock
• Kanzel	• Orgel
• Bibel	• Kreuz
• Weihwasserbecken	• Beichtstuhl
• Pieta	

(Härtel, 2015, Anhang)

5 Begegnung mit Kulturen **Klasse: 5-8**

Thema: **Interkulturelle Vergleiche**

5.4 Symbole und Riten

Ort: Unterrichtsraum

Material: Bild- bzw. Wortkarten zu Typischem der behandelten Religionen (siehe Rückseite)

Beschreibung: An unterschiedlichen Stellen des Zimmers sind Tische für die einzelnen Religionen beschriftet. Im Raum verteilt liegen Bild- bzw. Wortkarten. Zwei Schüler holen sich jeweils eine und ordnen sie der entsprechenden Religion zu.

Varianten: Anschließend findet sich bei jeder Religion eine Gruppe von Schülern zusammen. Sie kontrolliert die Zuordnung. Als Zusammenfassung kann mit der Klasse gemeinsam auf dem Boden eine Matrix (ähnlich der Rückseite) zusammengestellt und die Einordnung kurz begründet werden.

	Christentum	**Judentum**	**Islam**
Anhänger	Christen	Juden	Muslime
Religionsstifter	J. Christus	Mose	Mohammed
Religiöse Stätten	Kirche	Synagoge	Moschee
Heiliger Ort im Gebetshaus	Tabernakel	Toraschrein	Gebetsnische
Heilige Stätten	Grabeskirche	Klagemauer	Kaaba
Heilige Schriften	Bibel	Tora	Koran
Geistlicher	Pfarrer	Rabbi	Imam
wöchentlicher Feiertag	Sonntag	Sabbat	Freitag
wichtige Feste	Weihnachten, Ostern, Pfingsten	Pessachfest, Laubhüttenfest	Fest des Fastenbrechens/ Zuckerfest
wichtige religiöse Hand-lungen	Gebet	Gebet	Gebet (fünfmal am Tag) Fasten, Pilgerfahrt
gebräuchliches Glaubensbekenntnis	der Dreieinige Gott	JHWH/Jahwe, Adonai	Allah
Zeitrechnung	ab Geburt Christi	ab Schöpfung	ab Auszug Mohammed

Thema: **Interkulturelle Vergleiche**

5.5 Sakrale Gebäude

Ort: Unterrichtsraum
Material: (Post-)Karten mit sakralen Gebäuden bzw. Teilen

Beschreibung: An jedem Platz liegt eine Karte, auf deren Vorderseite ein sakrales Gebäude bzw. ein Teil davon abgebildet ist, auf der Rückseite steht der entsprechende Begriff (Kirche, Synagoge, Moschee, Altar, Kanzel, Glockenturm, Miharab, Minibar, Minarett usw.).
Beim Platzwechsel schreiben die Schüler den jeweiligen Begriff auf (ergänzen evtl. den Ort) und vergleichen (auch die Schreibweise) mit der Rückseite (zu ehrlicher Arbeitsweise motivieren). Dann suchen sie sich einen neuen Platz.

Varianten:
- Religionen einzelnen Ländern zuordnen (Verbindung mit Geografie)
- sakrale Stätten im Heimatort (Kartenmaterial) einbeziehen

5 Begegnung mit Kulturen **Klasse: 7-8**

Thema: **Interkulturelle Vergleiche**

5.6 Säulen-Spiel

Ort: Unterrichtsraum
Material: Merkmalskarten (siehe Rückseite)

Beschreibung: Jede Ecke sowie die Mitte des Raumes wird mit dem Namen einer der fünf Säulen des Islam gekennzeichnet. Jeder Schüler zieht eine Karte mit einem Merkmal (siehe Rückseite) und entscheidet, zu welcher Säule dieses Merkmal gehört. An der entsprechenden Stelle findet er sich ein. Die sich dort bildende Gruppe beratschlagt, ob alle Merkmale zutreffend sind – ggf. muss ein Wechsel vorgenommen werden. Zum Abschluss wird jede Säule von einem Schüler der Gruppe vorgestellt. (F. Haase)

Varianten:
- mehrere Durchgänge durch neue Verteilung der Merkmalskarten
- modifizierbar für andere Themenbereiche

Merkmalskarten (Auszug)

Glaubensbekenntnis (Shahada) • keinen Gott außer Allah • Mohammed sein Prohet • Glaube an die früheren Propheten • Glaube an die Engel • Glaube an den jüngsten Tag • in arabischer Sprache	**Fasten** (Saum) • im Monat Ramadan • ausgenommen Schwangere, Kranke, Alte ... • von Sonnenaufgang bis Sonnenuntergang • kein Essen, Trinken, Rauchen, körperl. Liebe • Nachholen der Genüsse am späten Abend und in der Nacht
Gebet (Salat) • Absichtserklärung • fünfmal am Tag • vorgeschriebene Waschungen • Kopf sollte bedeckt sein • Schuhe ausziehen • Gesicht zur Kaaba nach Mekka richten • auf Matte oder Teppich durchführen	**Pilgerreise** (Hadsch) • ein Mal im Leben Pflicht (wenn möglich) • hilft, Allah näher zu kommen • während der ersten zehn Tage des letzten Monats des Mondjahres • siebenmal die Kaaba umkreisen • nach Beendigung darf sich jeder Muslim Hadschi nennen
Almosen (Zakat) • Pflichtabgabe von 2,5 % bis 7 % des verfügbaren Vermögens von allen, die über dem Existenzminimum leben • für Arme, Bedürftige, Verschuldete ... • sollte wertvolles Gut sein	(Haase, 2016)

Thema: **Interkulturelle Vergleiche**

5.7 Welche Religion?

Ort: Unterrichtsraum
Material: -

Beschreibung: Die vier Ecken sowie die Mitte des Zimmers stehen für die großen Weltreligionen (Christentum, Judentum, Islam, Hinduismus, Buddhismus). Der Lehrer nennt Begriffe, die den Religionen eindeutig zugeordnet werden können. Die Schüler begeben sich schnell an die entsprechende Stelle. Als mögliche Begriffe bieten sich an (siehe auch Rückseite 5.4):

- Gottesbezeichnung (JHWH, Allah, Shiva ...)
- Name des Gotteshauses (Kirche, Synagoge, Moschee, Tempel)
- Bezeichnung der Heiligen Schrift (Bibel, Tora, Koran, Veden ...)
- bedeutende Stätten, Orte und Personen etc.

Varianten:

- Grundprinzip auf andere Themen des Unterrichts übertragen
- für unterschiedliche Begriffe unterschiedliche Bewegungen verwenden

IXΘΥΣ

Thema: **Fernöstliche Religionen**

5.8 Meditation

Ort: Unterrichtsraum
Material: Gymnastikmatten (alternativ: Decken, Isomatten)

Beschreibung: Damit die Schüler die Wirkungen der Meditation erleben können, setzen/legen sie sich auf die Unterlage. Beim Meditieren sollte man sich ein Bild, Wort oder ein Gebet, an das man glaubt und welches positiv stimmt, suchen. Dann nimmt man eine bequeme Haltung ein, entspannt die Muskeln und atmet bewusst langsam ein und aus. Dabei konzentriert man sich auf das Wort, Bild oder Gebet und wiederholt den Vorgang mehrmals. Während des Meditierens sollen die Schüler für eine Zeit von fünf bis zehn Minuten totale Ruhe bewahren und die Augen schließen. Nach der Meditation kann man sich über ihre individuellen Eindrücke austauschen.

Hinweise zur Durchführung der Meditation

- bequeme Haltung einnehmen
- Bild, Wort oder Gebet für positive Stimmung einsetzen
- bewusst und langsam atmen
- Konzentration erreichen
- totale Ruhe sichern
- mehrmals wiederholen
  (Härtel, 2015, Anhang)

Beachte:
Klassensituation berücksichtigen und mit Feingefühl vorgehen, Teilnahme freiwillig

5 Begegnung mit Kulturen

Klasse: 8-10/12

Thema: **Gruppen religiösen Ursprungs**

5.9 Die Reporter

Ort: Unterrichtsraum/Straße vor der Schule

Material: Interviewleitfaden

Beschreibung: Um sich auf das Thema einzustimmen, befragen die Schüler in Gruppen mit Hilfe eines Interviewleitfadens vor der Schule Passanten zu ihrem Wissen über Sekten oder andere neue religiöse Gruppen. Nach einer vorgegebenen Zeit kehren die Gruppen in den Unterrichtsraum zurück und präsentieren ihren Mitschülern ihre Ergebnisse. Hierbei wird den Schülern eine gewisse kreative Freiheit gelassen (Präsentation als Nachrichtensendung oder als Szene vorgespielt). Abschließend können die Ergebnisse hinterfragt oder auch ergänzt werden.

Varianten: siehe Rückseite

Varianten:

- Aufgabenbeispiele siehe unten (Härtel, 2015, Anhang)
- Vorbereitung evtl. durch Befragung im Umfeld der Familie/Freunde bzw. eine Internetrecherche
- evtl. Einsatz der Methode des Gruppenpuzzles
- Befragung auch zu anderen Themen, z. B. Buddhismus, Christentum, Judentum, Islam, Liebe, Sexualität, Freundschaft, Konfliktbewältigung, Glück, Werte und Normen, Arbeit und Freizeit, Gewissen und Verantwortung

Aufgaben:

1. Erstellt in eurer Gruppe einen Leitfaden für ein Interview über Sekten, welches ihr mit Passanten auf der Straße, Freunden oder Familienmitgliedern führt.

2. Probiert dieses Interview zunächst in eurer Gruppe aus.

3. Macht euch als Reporter auf den Weg und befragt die Menschen auf der Straße.

4. Tragt eure Antworten zusammen und findet einen geeigneten Weg, das Resultat vor der Klasse zu präsentieren.

6 Arbeit, Beruf und Freizeit

Klasse: 8-10/12

Thema: **Berufe**

6.1 Merkmale von Berufen

Ort: Unterrichtsraum
Material: Karten mit Berufsmerkmalen

Beschreibung: Im Raum liegen Karten mit Berufsmerkmalen aus. In kleinen Gruppen werden die unterschiedlichen Anforderungen diskutiert. Auf welchen Beruf bzw. Berufszweig könnten die Merkmale schließen lassen? Den Abschluss bildet eine Klassenumfrage, wer welchen Beruf wählen würde und warum.

Varianten:

- Beispiel für Berufsmerkmale siehe Rückseite (Härtel, 2015, Anhang)
- Schülergruppen holen Informationen zu ausgewählten Berufen ein
- Besuch in der Agentur für Arbeit

guter Geschmack
Kreativität
körperlich belastbar
gut organisiert
Teamplayer
flexible Arbeitszeiten (oft am Wochenende)
häufig robuster Umgangston

↓

Koch

Körpergröße zwischen 1.65 m und 1,98 m
Deutsch und Englisch fließend in Wort und Schrift
gutes Sehvermögen
Besitz eines uneingeschränkten Reisepasses
allgemeine oder fachgebundene Hochschulreife
Fluglizenz
mindestens 600 Stunden Flugerfahrungen

↓

Pilot bei der Lufthansa

6 Arbeit, Beruf und Freizeit **Klasse: 8-10/12**

Thema: **Berufe**

6.2 Mein zukünftiger Beruf

Ort: Unterrichtsraum, Schulhaus, Schulgebäude
Material: –

Beschreibung: Paarweise tauschen sich die Schüler beim Gehen über Vorstellungen von ihrem zukünftigen Beruf aus. Wieder in den Unterrichtsraum zurückgekehrt, schreiben sie an Tafeln/Postern u. a. wesentliche Stichpunkte auf bzw. ergänzen die Fakten der anderen. Die so entstandenen Tafelbilder werden gemeinsam diskutiert.

Varianten:

- Mein Weg in den Beruf (siehe Rückseite)
- Aufgabenbeispiele siehe Rückseite (Härtel, 2015, Anhang)
- Die Methode kann auch bei anderen Themen angewendet werden, z. B.: Freiheit und Determination, Recht und Gerechtigkeit, ethisches Verhalten

Was möchtest du einmal werden?

1. Überlege dir, auf was du in Zukunft Wert legst.
2. Tausche dich mit einem Partner über eure Vorstellungen aus! Gern könnt ihr dabei durch das Schulhaus oder über den Hof gehen. Ihr habt dafür 10 Minuten Zeit.
3. Nach den 10 Minuten schreibt ihr zunächst eure eigenen Ziele auf und könnt anschließend dem Partner helfen, falls dieser etwas vergessen hat.
4. Stellt eure Ziele vor und überlegt gemeinsam mit der Klasse, welcher Beruf dafür passend sein könnte.

Mein Weg in den Beruf:

- Befragung von Bekannten/Eltern
- Interview mit einem Ausbilder oder Auszubildenden
- Dokumentation eines Arbeitstages
- Plakat des gewählten (Wunsch-)Berufes erstellen bzw. Video oder Präsentation
- Rollenspiel: Praktikumssuche (Wie telefoniere ich richtig?“) oder zu einem Bewerbungs- bzw. Vorstellungsgespräch (Schmidt, 2016)

Thema: **Armut und Reichtum**

6.3 Soziale Unterschiede

Ort: Unterrichtsraum
Material: Zeitungen, Nachschlagewerke u. a.

Beschreibung: Kleingruppen suchen aus den ausliegenden Zeitungen Beispiele heraus, in denen soziale Unterschiede deutlich werden. Sie ergänzen durch eigene Erlebnisse. In den Kleingruppen werden mögliche Ursachen erörtert. Abschließend werden die Ergebnisse in zusammengefasster Form den anderen mitgeteilt.

Varianten:

- Aufgabenbeispiele siehe Rückseite (Härtel, 2015, Anhang)
- Auf andere Themen übertragbar, z. B.:
  - Menschenrechte, Freiheitsbegriff, Arbeitswelt
  - Einstellung des Menschen zur Natur, Engagement für Mitmenschen
  - Recht und Gerechtigkeit, ethische Fragestellungen

Aufgaben:

1. Findet euch in Kleingruppen zusammen.
2. Sucht aus den ausliegenden Zeitungen Artikel, Schlagzeilen, Bilder oder Werbungen, in denen soziale Unterschiede besonders deutlich werden und schneidet diese aus.
3. Habt ihr auch selber schon Erfahrungen mit diesem Thema gemacht, dann teilt der Gruppe eure Erlebnisse mit.
4. Überlegt, welche Ursachen dieses Ungleichgewicht haben könnte und versucht, Lösungen zu erarbeiten.
5. Stellt der Klasse eure Erarbeitungen in geeigneter Form vor.

Thema: **Freizeit**

6.4 Freizeitsport

Ort: Sportstätten
Material: entsprechend der Sportaktivitäten

Beschreibung: Die Schüler stellen sich gegenseitig sportliche Freizeitmöglichkeiten im Heimatort oder dessen Umgebung vor (evtl. Zusammenarbeit mit dem Fach Sport oder als Projekt). Es sollten dabei Möglichkeiten gesucht werden, dass jeder diese Freizeitangebote verbunden mit eigener Bewegungstätigkeit erfahren kann. Es könnte auch angeregt werden, dass gemeinsamer Freizeitsport zu einer regelmäßigen Aktivität (z. B. monatlich) wird, für die immer andere verantwortlich zeichnen.

Varianten:

- Sportstätten vorstellen, Leitfaden siehe Rückseite (Härtel, 2015, Anhang)
- Sportvereine und deren Sportstätten besuchen
- an Wettbewerben teilnehmen und auch welche organisieren (Sponsorenlauf u. a.)

Möglicher Leitfaden, um Sportstätten zu erkunden und vorzustellen

Sporthalle:

Lage:

Erbaut/erneuert:

Trägerschaft:

Persönlicher Bezug:

Aktuelle Nutzung:
(jahreszeitliche Nutzung)

Besondere (regelmäßige)
Projekte/Ereignisse:

Glorreiche historische Ereignisse:

Zukünftige Pläne:

Thema: **Freizeit**

6.5 Freizeitkalender

Ort: Unterrichtsraum
Material: persönlicher Freizeitkalender

Beschreibung: Jeder fertigt als Hausaufgabe für sich über zwei Wochen (einschließlich der Wochenenden) einen Kalender an (s. Arbeitsblatt 2), in dem er neben den Zeiten für den Schulunterricht seine Freizeittätigkeiten kennzeichnet.
Bewegungsaktivitäten werden dabei farblich hervorgehoben und die Gesamtzeiten ermittelt. Sind diese Zeiten ausreichend? Sind genügend Möglichkeiten zur Entspannung enthalten? Was für ein Freizeittyp bin ich? Was ist besonders interessant? Welche Änderungen oder Ergänzungen im Freizeitverhalten wären sinnvoll? Diese und andere Fragen beraten die Banknachbarn. Nach dem Platzwechsel werden die Gespräche mit einem neuen Partner geführt. Ungeklärte Fragen oder gewonnene Erkenntnisse werden zum Abschluss gemeinsam besprochen.

Freizeitkalender (Kopievorlage s. Arbeitsblatt 2)

Uhrzeit	**6**	**7**	**8**	**9**	**10**	**11**	**12**	**13**	**14**	**15**	**16**	**17**	**18**	**19**	**20**	**21**	**22**
Montag																	
Dienstag																	
Mittwoch																	
Donnerstag																	
Freitag																	
Samstag																	
Sonntag																	
Beispiel:		Schule								Rad	HA		Sportverein			Kino	

Thema: **Freizeit**

6.6 „Berlin, Berlin – wir fahren nach Berlin"

Ort: Unterrichtsraum
Material: Zeitungsausschnitte, Filmausschnitte, Requisiten, Moderationskarten

Beschreibung: In Kleingruppen informieren sich die Schüler über Fans, Fankult und allem was damit zusammenhängt. Jede Gruppe stellt ihr Thema in einem kleinen Stegreifspiel vor, z. B. wie sich ein Fan auf den Gang zum Stadion vorbereitet (Schal und Trikot anlegen u. a.). Die Requisiten dazu sollten sich die Schüler selber mitbringen. Andere stellen Fans von beiden Mannschaften vor, die sich mit ihren Fangesängen feiern. Natürlich sollten hier Themen wie Hooligans und die aktuellen Geschehnisse, die bei nationalen und internationalen Fußballspielen Schlagzeilen machten, nicht fehlen.

Varianten:

- ein Fußballspiel mit Rollenverteilung szenisch darstellen (Spieler, Schiedsrichter, Reporter, Fans)
- Wünsche, bezogen auf einen erfolgreichen Spielbesuch, an ein Poster heften
- Sprecher oder Mitglieder eines Fanvereins einladen und mit ihnen über die genannten Probleme sowie den Aufbau und die Arbeit in Vereinen diskutieren

BERLIN
BERLIN
BERLIN
5
BERLIN
10

7 Recht und Gerechtigkeit

Klasse: 10-11/12

Thema: **Gerechtigkeitstheorien**

7.1 Egalitarismus-Sportfest

Ort: Unterrichtsraum, Sportplatz, Sporthalle
Material: sportartspezifische Materialien

Beschreibung: Ob das „Gleichbehandeln" in allen Lebenslagen förderlich ist, sollen Schüler anhand eines Egalitarismus-Sportfestes erfahren. Es wird ein Sportfest geplant, bei dem es für Jungen und Mädchen nur eine, für alle gleiche, Bewertungsskala gibt. Dabei muss beachtet werden, dass auf der einen Seite Sportarten ausgewählt werden, bei denen üblicherweise die Jungen dominieren und auf der anderen Seite Sportarten, bei denen die Mädchen meist besser abschneiden. Bei der Anzahl der ausgewählten von Jungen oder Mädchen dominierten Sportarten sollte ein Gleichgewicht bestehen. Nach dem Sportfest werden die Ergebnisse und ihre Bedeutung für das moderne Leben ausgewertet.

Varianten: Beispiele für spezielle Sportarten siehe Rückseite

Beispiele für Sportarten, bei denen üblicherweise die Jungen dominieren:

- Lauf- oder Sprintdisziplinen (100 m, 400 m, 1000 m, 3000 m)
- Sprungdisziplinen (Hoch- oder Weitsprung)
- Kugelstoßen oder Schlagballweitwurf
- Seilziehen, Tauziehen

Beispiele für Sportarten, bei denen üblicherweise die Mädchen dominieren:

- koordinativ anspruchsvolle Übungen (Seilspringen, Hula-Hoop-Reifen)
- turnerische Elemente (Balken, Boden)
- Aerobic
- Tanz
- Akrobatik

7 Recht und Gerechtigkeit **Klasse: 7-10/12**

Thema: **Gerechtigkeitstheorien**

7.2 Lösen von Problemsituationen

Ort: Unterrichtsraum
Material: (vorbereitete) Karteikarten mit Problemsituationen

Beschreibung: Die Klasse teilt sich in Gruppen (je maximal fünf Schüler) auf. Jede Gruppe zieht eine Karteikarte. Auf diesen Karten stehen Schlagwörter, die eine Problemsituation darstellen. Die Schüler einer Gruppe haben die Aufgabe, in weniger als fünf Minuten einen „gerechten" und einen „ungerechten" Lösungsvorschlag schauspielerisch anzubieten (siehe Rückseite). Nach der Darstellung sollte man sich über Erfahrungen ähnlicher Art austauschen.

Varianten:

- unterschiedliche Lösungsmöglichkeiten anbieten
- als Video aufzeichnen

Beispiele für Problemsituationen und deren Lösung

Problemsituation: gekennzeichnet durch Schlagwörter wie: fremde Stadt, kein Geld, Hunger

Problemlösung: *Möglichkeit für eine gerechte Lösung:*
Die Schüler stellen eine Situation nach, in der sie in einer Einkaufspassage fröhlich musizieren. Eine Person gibt ihnen etwas Geld für ihre Mühe.

Möglichkeit für eine ungerechte Lösung:
Die Schüler stellen eine Situation nach, in der sie ein älteres Ehepaar überfallen und somit an Geld kommen.

7 Recht und Gerechtigkeit

Klasse: 7-10/12

Thema: **Gerechtigkeitstheorien**

7.3 Ist das gerecht?

Ort: Unterrichtsraum
Material: –

Beschreibung: Der Lehrer stellt Fallbeispiele dar, die von den Schülern als „gerecht" oder „ungerecht" beurteilt werden. Dies wird gezeigt, indem der Schüler sich für eine Seite im Raum entscheidet (z. B. rechte Seite – „gerecht", linke Seite – „ungerecht"). Jede Seite muss ihre Position verteidigen. Die Schüler haben immer die Möglichkeit die Seiten zu wechseln.

Varianten:

- Der Lehrer bestimmt, wer auf der Seite „gerecht" oder „ungerecht" steht. Die Schüler müssen sich dementsprechende Argumente einfallen lassen.
- Anregungen siehe Rückseite

Anregung:
Ein Medikament steht nur in einer bestimmten Menge zur Verfügung. Sechs Personen benötigen dieses Medikament, um leben zu können. David, ein 10-jähriger Junge, benötigt die volle Dosis und die anderen fünf, alle über 50 Jahre, benötigen jeweils nur ein Fünftel des vorhandenen Medikamentes.

- Wie entscheidet man gerecht?
- Man gibt den fünf Leuten das Medikament, da sie ja mehr sind?
- Man gibt David das Medikament, da er noch jung ist und länger leben würde?
- Man gibt jedem ein Sechstel des Medikamentes, auch wenn dann niemand überlebt?
- Man entscheidet sich für ein Losverfahren. David bekommt ein Los und die anderen fünf bekommen ein Los (50 : 50). Ist das gerecht?

Weitere Beispiele:

- Muss ich einen Mitschüler, der in der Schulgarderobe etwas gestohlen hat, verraten? Oder wäre das ein Verrat an der Klassengemeinschaft?
- Darf ich einen Schüler, der bei einer Schularbeit betrogen und eine positive Leistung erschwindelt hat, verraten?
- Darf ein Staat / die NATO militärisch intervenieren (also: Krieg führen), um einen Völkermord zu stoppen? (fachübergreifend)
- Darf man terrorverdächtige Menschen hart behandeln (also: psychisch foltern), um Informationen über ein gefährliches Terrornetzwerk zu erhalten?
- Darf die Wissenschaft was sie kann, z. B. Menschen klonen? (Schmidt, 2016)

7 Recht und Gerechtigkeit **Klasse: 10/12**

Thema: **Gerechtigkeitstheorien**

7.4 Gibt es einen gerechten Krieg?

Ort: Unterrichtsraum
Material: langes Seil, Karten mit Kriterien auf Tischen verteilt

Beschreibung: Der Lehrer zieht ein Seil um die ganze Klasse und kennzeichnet den entstehenden Innenraum als den „Raum des gerechten Krieges". So wird die Haltung verkörpert, ein Krieg sei gerecht, wenn vor allem die nachfolgenden Kriterien erfüllt sind: legitime Autorität, gerechter Grund, gerechte Absicht, letztes Mittel, Erfolgswahrscheinlichkeit, Verhältnismäßigkeit der Reaktion, Verhältnismäßigkeit der angewandten Mittel, Unterscheidung von Kombattanten und Nichtkombattanten, Schutz von Nichtkombattanten und Zivilisten, Verbot von Mala-in-se-Methoden (u. a. Münkler, 2006). Den Tischen innerhalb des Raumes sind diese Kriterien mithilfe einer Karte/eines Aufstelers zugeordnet.

Varianten:
- siehe Rückseite

Varianten:

- Die Schüler erarbeiten im Rahmen einer Diskussion Gegenargumente zu der Vorstellung eines gerechten Krieges, schreiben diese auf Zettel und positionieren die Zettel in der Nähe desjenigen Kriteriums, gegen das sie jeweils gerichtet sind.
- Die Schüler erarbeiten in Kleingruppen aus Texten (Beispiele siehe Arbeitsblatt 5, Reiß, 2015 angelehnt an Tugendhat, 1991, S. 143-151) verschiedene pazifistische Positionen, entwickeln zu der jeweiligen Position eine Illustration, die dann der Klasse vorgestellt wird. Die Klasse soll anschließend die Illustration jeweils an der richtigen Stelle innerhalb des „Raumes des gerechten Krieges" positionieren.
- Als Abschluss empfiehlt es sich, dass jeder Schüler sich noch einmal zum „Raum des gerechten Krieges" positionieren darf, d. h. seine eigene Haltung gegenüber der Theorie des gerechten Krieges körperlich darstellen kann, indem er sich entweder in den Raum stellt (Befürwortung) oder außerhalb desselben platziert (Ablehnung). Eine entsprechende Gestik, ggf. in Richtung bestimmter Einzelkriterien, kann die eigene Position noch stärker verdeutlichen. (Reiß, 2015)

7 Recht und Gerechtigkeit **Klasse: 11/12**

Thema: **Gerechtigkeitstheorien**

7.5 (Neo-)Sokratisches Gespräch

Ort: Unterrichtsraum, Schulhof
Material: –

Beschreibung: Die Klasse hat sich in den letzten Stunden bereits über die Geschichte der Menschenrechte, mögliche Menschenrechtsverletzungen und deren eventuelle eurozentristische Orientierung informiert. In dieser Stunde arbeiten die Schüler in Gruppen zu 5-7 Mitgliedern, möglicherweise auch außerhalb des Schulgebäudes, im Raum auf dem Boden oder an Stehtischen. Ein Schüler übernimmt die Rolle des Moderators – alle anderen beteiligen sich aktiv an der Diskussion zum Thema. (siehe Rückseite)

Variante: Thematisch ist die Bandbreite möglicher Diskussionsthemen kaum eingeschränkt, z. B.: Frage nach dem guten Handeln, Gewalt im Alltag – Gewalt gegen Gewalt?, Verhältnis der Geschlechter? (Härtel, 2015, Anhang)

Leitfaden

Die Schüler bestimmen einen Moderator in ihrer Gruppe. Dieser übernimmt die Aufgabe, die Diskussion – das (Neo-)Sokratische Gespräch – am Laufen zu halten, indem er kontinuierlich Fragen stellt. Diese dürfen keineswegs wertend oder vorbestimmend sein.

Leitfaden für Moderator	**Leitfaden für Diskussionsteilnehmer**	**Beispielfragen**
• Achte darauf, dass … • die Teilnehmer die Regeln einhalten • sie sich untereinander wirklich verstehen • sie an der gerade erörterten Frage festhalten • fruchtbare Ansätze nicht verloren gehen	• Arbeite auf einen Konsens hin! • Sprich klar und kurz und versuche dich allen Teilnehmern verständlich zu machen! • Schweife nicht ab! • Nimm jede Äußerung in gleicher Weise ernst! • Prüfe jede Äußerung, ob du sie verstanden hast und den Gang der Argumentation nachvollziehen kannst! • Sprich vorhanden Fragen/Zweifel aus (nicht als „Advocatus Diaboli“)!	• Was sind Menschenrechte (MR)? • Was zeichnet sie aus? • Woher stammen sie? • Wo gibt es Kriege für MR? • Widerspruch: Krieg für MR? • Worin besteht der Konflikt? • Gibt es eine Legitimation zum Krieg für MR?

(Härtel, 2015, Anhang, in Anlehnung an: Zugriff am 13.6.2016 http://www.coaching-report.de/lexikon/sokratisches-gespraech.html)

8 Übergreifend

Klasse: 5-10

Thema: **übergreifend**

8.1 Vollende den Satz!

Ort: Unterrichtsraum, freier Raum
Material: Softball, Knüllpapier, Wollknäuel o. Ä.

Beschreibung: Alle Schüler stehen im Innenstirnkreis oder im Raum verteilt. Der Lehrer beginnt mit einem Satzanfang in Verbindung mit dem Unterrichtsstoff (z. B.: Wenn ältere Menschen in die Straßenbahn einsteigen, ...) und wirft den Ball zu einem Schüler, der den Satz vollenden soll. Nachdem dieser geantwortet hat, darf er einen neuen Satzanfang formulieren und wirft den Ball weiter. Auch wer die Frage nicht beantworten kann, wirft den Ball zu einem Mitschüler, der seiner Meinung nach die Antwort kennt.

Variante: Methode kann auch bei anderen Themen eingesetzt werden, z. B. STVO

Beispiele:

Wenn eine Person mit einem Stadtplan hilflos umher schaut, …
Wenn einer Person die Einkäufe runter fallen, …
Wenn ich sehe, dass jemandem das Portmonee aus der Tasche fällt und er es nicht mitbekommt, …
Wenn ich sehe, dass jemand verletzt ist, …
Wenn ich sehe, dass jemand stiehlt, …
Wenn die Ampel rot ist, …
Wenn ich irgendwo ein Portmonee, ein Handy etc. finde, …
(Härtel, 2015, Anhang)

8 Übergreifend

Klasse: 5-10/12

Thema: **übergreifend**

8.2 Zustimmung oder Ablehnung

Ort: Unterrichtsraum
Material: –

Beschreibung: Der Lehrer (evtl. Schüler) erzählt eine Geschichte, die von Verhaltensweisen, Normen und Normverstößen in Alltagssituationen handelt. Jeder Schüler geht durch den Raum, solange er dem Geschehen zustimmt. Er bleibt bei Ablehnung stehen. Ist er unentschlossen, bewegt er sich am Platz. Unterschiedliche Auffassungen werden zum Schluss gemeinsam besprochen.

Varianten:

- Konflikte und Lösungsstrategien
- Aussagen, bezogen auf das behandelte Thema

Beispieltext: Emma

Emma verlässt, wie jeden Morgen, gegen 6:30 Uhr das Haus. Die Schule beginnt zwar erst um 8:00 Uhr, jedoch wohnt Emma ziemlich weit weg und muss jeden Tag über eine Stunde mit dem Bus fahren. Im Bus hat sie sich schon einige Rituale angewöhnt. So steckt sie sich als erstes immer Kopfhörer in die Ohren, um ihre Lieblingsmusik zu hören. Außerdem liest sie sich meist noch die Aufzeichnungen der letzten Stunde durch, wenn sie befürchtet, dass ein Test geschrieben wird. Völlig vertieft in die Musik und den Hefter bemerkt sie nicht, dass der Bus mittlerweile voll geworden ist und eine Schulkameradin auf Krücken den Bus betritt. Nach einigen Minuten sieht Emma das Mädchen im Augenwinkel und liest weiter. Als Emma den Bus verlässt, stolpert sie über ein Handy, was ihr nicht gehört. Ohne zu zögern, geht sie vor zum Fahrer und gibt es ihm, mit dem Hinweis, dass es wohl jemand verloren haben muss. Der Fahrer bedankt sich und versichert ihr, dass er es zu den anderen Fundsachen legt. Auf dem kurzen Fußweg von der Bushaltestelle zur Schule muss Emma nur noch eine Straße überqueren und schon ist sie da. Die Straße wird zwar schon ewig gebaut, die Ampel läuft aber nach wie vor. Auf Grund der Baustelle und Gedanken, dass da schon kein Auto kommen wird, läuft Emma zügig über die Straße, ohne einen Blick auf die Ampel zu werfen. Fast 8:00 Uhr. Der Unterricht kann eigentlich losgehen. Nur noch den letzten Schluck aus der Milchtüte trinken und weg damit – aber wohin? „Weit und breit kein Mülleimer. Was soll's, wenn ich keinen Mülleimer finde, lege ich die Verpackung einfach hinter den Schrank. Da liegt eh schon genug, dann fällt das auch nicht mehr auf.", denkt sich Emma. Der Unterricht beginnt …

(Härtel, 2015, Anhang)

Thema: **übergreifend**

8.3 Meinungslinie

Ort: Unterrichtsraum
Material: Bilder, Videos, Fotos

Beschreibung: Der Lehrer stellt Personen des öffentlichen Lebens vor (Beispiele für mögliche Gebiete siehe Rückseite). Durch Positionierung auf einer Meinungslinie drücken die Schüler aus, ob diese Person für sie ein Vorbild oder ein Idol ist. Einzelne Schüler begründen ihre Entscheidung. Es ist auch möglich Zwischenstellungen einzunehmen.

Varianten:

- Das Vorstellen der Personen wird von Schülern übernommen, die sich darauf vorbereitet haben.
- Die Methode ist auf andere Themen übertragbar, z. B. Erwachsen werden, Militärkonflikte, Klimawandel, Tierversuche, Abtreibung, Sterbehilfe.

Personenauswahl möglich aus den Gebieten:

- Sport
- Politik
- Musik
- Kunst und Kultur
- Film
- Wissenschaft
- Geschichte u. a.

Thema: **übergreifend**

8.4 Erkläre mir bitte ...!

Ort: Unterrichtsraum
Material: –

Beschreibung: Unter einer bestimmten Fragestellung erklären sich je zwei Schüler beim Gehen durch den Raum oder in unterschiedlichen Arbeitshaltungen (s. Rückseite) alles, was ihnen dazu einfällt. Anschließend wechseln die Partner und tauschen Informationen mit dem neuen Partner aus.

Variante: als Vorbereitung einer Leistungskontrolle nutzen

Anwendung unterschiedlicher Arbeitshaltungen

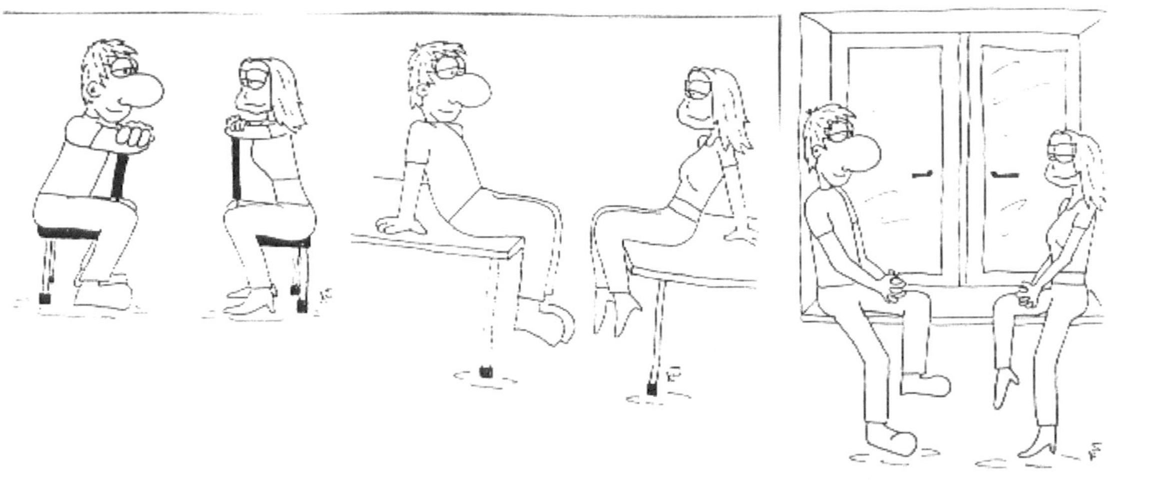

Thema: **übergreifend**

8.5 Gruppenvortrag

Ort: Unterrichtsraum
Material: Pezzibälle, Stehpult, Sitzkeilkissen, Nachschlagewerke

Beschreibung: Zum Thema arbeiten die Gruppen in verschiedenen Sitzhaltungen. Jede Gruppe hat einen Pezziball, ein Sitz- oder Stehpult, ein Sitzkissen. In der Erarbeitungsphase soll jeder Schüler seine Sitzposition öfters ändern. Gleichzeitig dürfen die Gruppen untereinander Informationen austauschen. An unterschiedlichen Tischen befinden sich Materialien zum Nachschlagen, der Lehrer steht für Fragen bereit und die Gruppen nutzen die Tafeln zur Vorbereitung ihres Gruppenvortrages. Dadurch müssen die Schüler viel organisieren, arbeiten, absprechen und sind ständig in Bewegung. Zum Abschluss (auch in die nächste Stunde mit hinein) werden dann die Gruppenvorträge gehalten.

Variante: in die Vorträge Formen des bewegten Lernens einbeziehen

Mögliche Arbeitshaltungen:

Stehen:
am Pult, an der Fensterbank, im Raum, vor der Klasse,
auf flachem Schaumstoffteil (<u>Balance-pad</u>) u. a.

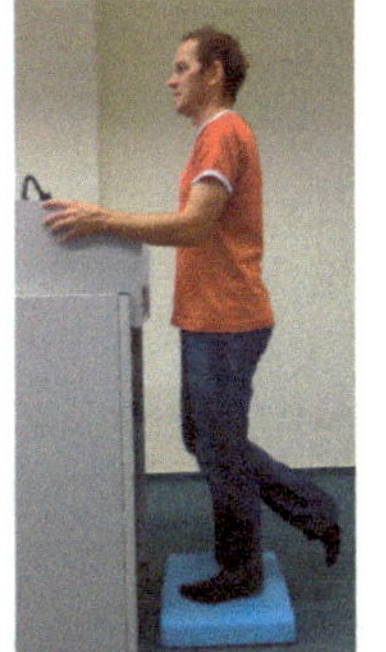

Sitzen/Knien:
auf Stuhl, Drehstuhl, Bank, Petziball, Hocker, Sitzkissen,
Sitztonne, Fußboden, Tisch (siehe Rückseite 8.4), <u>Hokki</u> u. a.

Liegen:
auf Boden, Matte, Wiese, Matratze u. a.

Weitere Hinweise zum bewegten Sitzen siehe Müller & Petzold, 2014, S. 75-89

Thema: **übergreifend**

8.6 Wissensweg

Ort: Unterrichtsraum
Material: Fragebögen und Materialien für die Stationen

Beschreibung: An unterschiedlichen Stellen im Raum sind Stationen mit Texten, Bildern, Skulpturen, Landkarten usw. aufgebaut. Paarweise nehmen sich die Schüler einen Bogen mit Fragen. Sie gehen von Station zu Station und notieren sich die Antworten, die sie für richtig halten. Anschließend werden die Antworten im Klassengespräch vorgestellt, ergänzt und diskutiert.

Variante:

- Das Vorstellen von Weltreligionen, wie dem Buddhismus, dem Christentum, dem Judentum oder anderer Themen, wie z. B. der Technik in unserem Leben, kann auf diesem Weg vollzogen werden.
- Durchführung einer Stadtrallye (siehe Rückseite).

Stadtrallye (am Beispiel einer Wanderfahrt oder eines Skilagers)

Die Schüler erkunden in Kleingruppen die Stadt (begrenzt). Sie erhalten den Hinweis, die Tourismusinformation nicht zu befragen, damit sich das Erkunden der Umgebung durch die Schüler intensiver gestaltet. Jede Gruppe bekommt ein Arbeitsblatt mit speziellen Fragen zur Stadt, mit Fotos von Sehenswürdigkeiten u. Ä. Der Einsatz an einem freien Nachmittag im Lager ist sinnvoll.

Mögliche Fragen (am Beispiel eines Skilagers)

- Wie viel Einwohner zählt die Stadt?
- Welche Seen befinden sich in unmittelbarer Nähe?
- In welchem Gebirge lernt ihr das Ski-und Snowboardfahren?
- Wie heißen die bekanntesten Gipfel im Umfeld der Stadt und wie hoch sind sie?
- Kennt ihr erfolgreiche Sportler aus der Stadt?
- Wie heißt der amtierende Bürgermeister?
- Skizziert das Stadtwappen und die Stadtflagge.
- Welche traditionellen Feste, Wettbewerbe u. Ä. gibt es in der Stadt?
- Die Stadt verfügt über einen Bahnhof an der Bahnstrecke: ....
- Die Kirche nennt sich: ....

(Schmidt, 2016)

Thema: **übergreifend**

8.7 Partnersuche

Ort: Unterrichtsraum
Material: Karten mit Zitaten

Beschreibung: Die Karten mit den Zitaten werden in zwei Teile zerschnitten. Die Schüler halten sich die Zettel leserlich vor den Körper. Alle bewegen sich durch den Unterrichtsraum und suchen ihren passenden Partner. Hat man sich gefunden, werden Informationen zum Thema ausgetauscht.

Varianten:

- Die Zettel werden so umgehängt, dass man die Schrift selbst nicht lesen kann. Durch geschicktes Fragen muss nun der passende Partner gefunden werden. Es darf nur mit „ja“ oder „nein“ geantwortet werden.
- Zusätzlich können noch die Verfasser auf Karten geschrieben, verteilt und zugeordnet werden.

Beispiele:

Hobbes	„Der Mensch ist dem Mensch ein Wolf."
Kant	„Die ungesellige Geselligkeit des Menschen."
Kant	„Aufklärung ist der Ausgang des Menschen aus seiner selbst verschuldeten Unmündigkeit."
Descartes	„Ich bin, Ich existiere."
Heraklit	„Alles fließt!"
Das Orakle von Delphi	„Erkenne dich selbst!"
Protagoras	„Der Mensch ist das Maß aller Dinge."
Platon	„Ideenwelt"

Thema: übergreifend

8.8 Ich packe meinen Koffer

Ort: Unterrichtsraum
Material: unterschiedliche Gegenstände

Beschreibung: Jeder Schüler nimmt einen von ihm selbst gewählten Gegenstand in die Hand (z. B. Bleistift o. Ä.) und stellt sich im Kreis auf. Diesen Gegenstand soll er nun mit einem willkürlichen Namen, der mit dem Buchstaben seines eigenen Vornamens beginnt, benennen. Der Lehrer gibt eine Tasche im Kreis herum, in die jeder Schüler seinen Gegenstand mit dem falschen Namen steckt. Derjenige, der die Tasche bekommt, muss aber außer seinem Begriff auch noch die vorhergehenden Gegenstände benennen. Am Ende entsteht eine lange Merkkette, die nicht mit den Gegenständen, die in der Tasche sind, übereinstimmen. Anschließend soll ausgewertet werden, ob man sich die neuen Begriffe schwerer oder leichter merken konnte und ob der Begriff geholfen hat, sich den Namen des Mitschülers einzuprägen.

Thema: **Übergreifend**

8.9 Wissensquiz

Ort: Unterrichtsraum
Material: Arbeitsblätter

Beschreibung: Am Anfang oder Ende eines Schuljahres bietet es sich an, einen Wissenscheck mit den Schülern durchzuführen. Das Quiz ist eine geeignete Variante, um den allgemeinen Wissensstand der Schüler spielerisch zu überprüfen. In Kleingruppen durchlaufen sie das Quiz und wenden dabei unterschiedliche Arbeitshaltungen an (siehe 8.4). In dem Beispiel auf der Rückseite wird das Wissen über alle Lernbereiche der 10. Klasse abgefragt. In jeder Runde gibt es maximal 5 Punkte zu erreichen, mit Ausnahme Runde 3 - hier gibt es bis zu 10 Punkte. Gewonnen hat die Gruppe mit den meisten Punkten nach allen fünf Runden.

Varianten: Diese Form ist auf jeden (Teil-)Lernbereich aller Klassen anwendbar. Die Runden selber sind differenzierbar, sowohl in Reihenfolge, als auch in ihrer Form.
(Härtel, 2015, Anhang)

Runde 1: Allgemeine Fakten über das vergangene Schuljahr im Fach Ethik

Runde 2: Allgemeine Fakten über einen spezifischen Lernbereich aus dem vergangenen Schuljahr im Fachbereich Ethik

Runde 3: Bilderrunde – Zehn Bilder mit prägnanten Darstellungen aus übergreifenden Lernbereichen oder einem speziellen, die entsprechend zu betiteln sind müssen

Runde 4: Who am I – Der Lehrer liest nach und nach Hinweise aus dem Leben einer bedeutenden Persönlichkeit aus einem Lernbereich vor. Nach jedem Hinweis geht ein Schüler jeder Gruppe vor und zeigt dem Lehrer den Gruppenzettel mit einem potentiellen Namen darauf. Der Lehrer gibt Feedback, ob die Antwort richtig oder falsch war und liest den nächsten Hinweis vor. Die Gruppe, die richtig „geraten" hat, braucht nicht mehr mitzuraten.

Runde 5: Whipe Out – Fünf Fragen „Querbeet" aber mit höherem Anspruch, mit dem Unterschied, dass der Lehrer jeweils drei Antwortmöglichkeiten vorgibt und nach einigen Minuten herumgeht und jeder Gruppe sagt, wie viele von den angekreuzten Antworten richtig sind. Die Schüler können anschließend noch einmal 3 bis 4 Minuten überlegen und die Antworten ändern. Die Gruppe muss nicht alle Fragen beantworten, gibt sie aber eine falsche Antwort ab, löschen sich alle angesammelten Punkte.

Eigenes Beispiel

Klasse:

Thema: **übergreifend**

Titel

Ort:
Material:

Beschreibung:

Varianten:

Arbeitsblatt 1:

Müllentsorgung (Klassen 5-8)

Notiere deine Müllentsorgungsgewohnheiten im Verlauf einer Woche. Schreibe auf, welchen Abfall du „produzierst" und nutze folgende Farben, um deine Art der Entsorgung zu kennzeichnen:

- Gelb (gelbe Tonne)
- Blau (blaue Papiertonne)
- Grau (Restmüll)
- Rot (Annahmen für Mehrwegflaschen)
- Braun (Biotonne/Kompost)
- Grün (Glascontainer)
- Schwarz (in der Umwelt „entsorgt")

Die Tabelle (siehe unten) kann dir helfen, deine Mitschriften zu gestalten. Du kannst auch einen anderen Weg wählen, nutze aber die angegebenen Farben!
Überlege dir mindestens eine Frage, die du in Anbetracht deiner Notizen einem Mitarbeiter der Recycling-Firma stellen möchtest.

Tabelle zur Beobachtung der Müllentsorgungsgewohnheiten (Woche vom .... bis ....)

	Montag	**Dienstag**	**Mittwoch**	**Donnerstag**	**Freitag**	**Samstag**	**Sonntag**
Vor dem Frühstück							
Frühstück							
in der Schule							
zum Mittag							
nach der Schule							
zum Abendessen							
nach dem Abendessen							

Arbeitsblatt 2: Freizeitkalender

Kennzeichne in dem Freizeitkalender über zwei Wochen neben den Zeiten für den Unterricht deine Freizittätigkeiten. Hebe Bewegungsaktivitäten farbig hervor! Errechne die Gesamtzeiten! Überlege dir, ob diese Zeiten ausreichen. Was könntest du verändern?

Freizeitkalender Woche vom .... bis ....

Uhrzeit	6	7	8	9	10	11	12	13	14	15	16	17	18	19	20	21	22
Montag																	
Dienstag																	
Mittwoch																	
Donnerstag																	
Freitag																	
Samstag																	
Sonntag																	

Freizeitkalender Woche vom .... bis ....

Uhrzeit	**6**	**7**	**8**	**9**	**10**	**11**	**12**	**13**	**14**	**15**	**16**	**17**	**18**	**19**	**20**	**21**	**22**
Montag																	
Dienstag																	
Mittwoch																	
Donnerstag																	
Freitag																	
Samstag																	
Sonntag																	
Beispiel:		Schule								Rad	HA		Sportverein			Kino	

Arbeitsblatt 3

Konflikte beobachten

Beobachte in der nächsten Woche drei verschiedene Konflikte nach folgenden Beobachtungsaufgaben:

1. Wie wurde der Konflikt ausgetragen? (Sachkonflikt)

2. Worum ging es bei diesem Konflikt? (Ursachen?)

3. Wie ging der Konflikt aus? (Lösung mit einbeziehen)

4. Wie hättest DU den Konflikt gelöst? Begründe deine Entscheidung!

Konflikte beobachten

Frage	Konflikt 1	Konflikt 2	Konflikt 3
1			
2			
3			
4			

Arbeitsblatt 4:

Aufgaben für das Lernen an Stationen zum Thema Glück

Stationen	**Aufgaben**
1	Finde andere gebräuchliche Wörter für das Wort Glück (z. B. Freude).
2	Bilde eine Wortfamilie zum Wort Glück (z. B. Glücksfall).
3	Schreibe an deine/n Freundin/Freund einen kurzen Brief, was Glück für dich bedeutet.
4	Lege dir eine Tabelle mit folgenden zwei Spalten an. Trage unter den Überschriften „Das kleine Glück bedeutet für mich“ und „Großes Glück bedeutet für mich“ deine Gedanken ein.
5	Finde Antworten auf die Frage: Wie fühlt sich Glück an?
6	Male ein Symbol, welches für dich das Glück darstellt.

Wahl**aufgaben**

Stationen	**Aufgaben**
7	Beende folgende Redewendungen: Geld allein macht ...; Es geschehen noch Zeichen und ...; Geduld ist der Schlüssel zum ...; Glück im ...haben; Pech im Spiel, ... Ergänze durch ein eigenes Sprichwort oder eine Redewendung.
8	Positioniere dich zu folgenden Aussagen: (A – starke Zustimmung, B – Zustimmung oder C – schwache Zustimmung) Mit meinem bisherigen Leben bin ich zufrieden. Ich habe genügend Freizeit.
9	Erstelle ein scherzhaftes Gedicht mit fünf Zeilen (aabba) zum Thema Glück.
10	Betrachte die mit Nummern ausliegenden Bilder. Entscheide, welche dich glücklich oder nicht glücklich stimmen. Vermerke auf deinem Lauf- bzw. Stationszettel hinter der entsprechenden Nummer deine Bergründung.
11	Finde Assoziationen zu Glück.

Arbeitsblatt 5:

Gibt es einen gerechten Krieg?

Erarbeitet in Kleingruppen aus Texten (Beispiele siehe unten) verschiedene pazifistische Positionen und entwickelt zu der jeweiligen Position eine Illustration, die dann der Klasse vorgestellt wird.

Texte als Beispiele:

Text: Begründungen des Pazifismus (1): Generelle Ablehnung des Krieges als Mittel der Auseinanderstzung
Der Tod unschuldiger Menschen im Krieg wird für unvertretbar gehalten. Egal wie hoch das Gut sein mag, das man durch den Krieg zu erreichen versucht, egal also, wie vielen Menschen durch den Krieg das Leben gerettet oder ein besseres Leben ermöglicht werden soll, niemals ist es in Ordnung, dass durch den Krieg auch nur eine unschuldige Person stirbt. Es mag zwar gerechte Gründe und Absichten geben, die ein Aktivwerden moralisch rechtfertigen, sobald aber dieses Aktivwerden, wie das im Krieg immer der Fall ist, auch zum Tode Unschuldiger führt, ist dieses ungerecht und darf nicht erfolgen.
Erläuterung des Verhältnisses zur Theorie des gerechten Krieges (1)
Während alle anderen Kriterien der Theorie des gerechten Krieges prinzipiell akzeptiert werden könnten, richtet sich diese Begründung des Pazifismus ganz entschieden gegen das Kriterium der Verhältnismäßigkeit der Reaktion (Makroproportionalität). Die mit diesem Kriterium begründete Annahme, dass man den Tod (oder die Verletzung) Unschuldiger im Krieg als „Kollateralschaden“ in Kauf nehmen kann, solange deren Zahl, gemessen an dem zu erreichenden Guten in dem Krieg, nicht unverhältnismäßig hoch ist, wird entschieden zurückgewiesen. Damit wird aber die Theorie des gerechten Krieges als Ganze „zerstört“.

Text: Begründungen des Pazifismus (2): Generelle Ablehnung des Krieges als Mittel der Auseinanderstzung
Das Ausmaß der Zerstörung bzw. der durch den Krieg verursachten Übel, insbesondere den Tod vieler Menschen, wird für unverhältnismäßig hoch gehalten gegenüber dem Guten, das durch den Krieg erreicht werden soll/kann. Das gilt insbesondere für moderne Kriege, in denen die Zahlen ziviler Opfer sehr hoch sind. Es mag also durchaus gerechte Gründe und Absichten und womöglich auch Erfolgsaussichten für den Krieg geben, die ein Aktivwerden moralisch rechtfertigen würden. Das Ausmaß an Leid und Zerstörung durch moderne Kriege ist jedoch so groß, dass es auch durch jene Gründe zugunsten eines Krieges nicht aufgewogen werden kann.
Erläuterung des Verhältnisses zur Theorie des gerechten Krieges (2)
Diese Begründung geht von der prinzipiellen, d. h. theoretischen Richtigkeit der Theorie des gerechten Krieges aus, hält aber das Kriterium der Verhältnismäßigkeit der Reaktion (Makroproportionalität) in der Realität moderner Kriege für nicht erfüllbar. Es sind hier also lebensweltliche Erfahrungen und ein Abwägen von „Kosten“ und „Nutzen“ eines Krieges, die zu dem Ergebnis führen, dass Kriege nicht gerechtfertigt sind, da die „Kosten“ gegenüber dem „Nutzen“ stets zu hoch seien.

Text: Begründungen des Pazifismus (3): Generelle Ablehnung des Krieges als Mittel der Auseinanderstzung
Mit Kriegen, so lautet ein bekanntes pazifistisches Argument, werden keine Konflikte gelöst. Stattdessen würde jeder Krieg immer nur neue Konflikte verursachen, die wiederum zu neuen Kriegen führten. Das vielfach zu dessen Legitimation benannte Ziel von Krieg, einen Konflikt nachhaltig zu beenden und damit Frieden und Stabilität in einer Region zu bewerkstelligen, sei durch Krieg in Wirklichkeit gar nicht erreichbar.
Erläuterung des Verhältnisses zur Theorie des gerechten Krieges (3)
Diese Begründung geht von der prinzipiellen, d. h. theoretischen Richtigkeit der Theorie des gerechten Krieges aus, hält aber das Kriterium der Erfolgswahrscheinlichkeit in der Realität für nicht erfüllbar. Diese Überzeugung speist sich aus der vermeintlichen Erfahrung, dass Kriege stets nur zu weiteren Kriegen führten und niemals Frieden und Stabilität produzierten hätten. So ergibt sich auch aus diesem Argument eine generelle Ablehnung des Krieges. (Reiß, 2015, angelehnt an Tugendhat, 1991, S. 143-151)

Zeitfracht Medien GmbH
Ferdinand-Jühlke-Straße 7
99095 Erfurt, Deutschland
produktsicherheit@kolibri360.de